- 2019年江苏省高校哲学社会科学研究一般项目（项目号：2019SJA0772；项目名称：母语迁移对我国高校日语专业学生视点概念掌握的影响研究）阶段性成果

- 2022年四川外国语言文学研究中心资助项目（项目号：SCWY22-12；项目名称：认知语言学视野下的汉日语态对比研究）阶段性成果

汉语母语日语初级学习者常见误用分析

陈林柯　编著

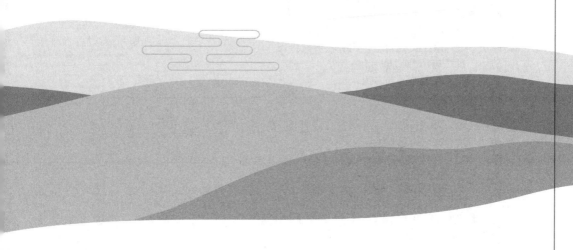

苏州大学出版社
Soochow University Press

图书在版编目(CIP)数据

汉语母语日语初级学习者常见误用分析 / 陈林柯编著. —苏州：苏州大学出版社，2021.11
ISBN 978-7-5672-3733-9

Ⅰ.①汉… Ⅱ.①陈… Ⅲ.①日语—教学研究 Ⅳ.①H369.3

中国版本图书馆 CIP 数据核字(2021)第 216189 号

书　　名：	汉语母语日语初级学习者常见误用分析
	Hanyu Muyu Riyu Chuji Xuexizhe Changjian Wuyong Fenxi
编　　著：	陈林柯
责任编辑：	金莉莉
装帧设计：	刘　俊
出版发行：	苏州大学出版社(Soochow University Press)
社　　址：	苏州市十梓街1号　邮编：215006
印　　装：	镇江文苑制版印刷有限责任公司
网　　址：	www.sudapress.com
邮　　箱：	sdcbs@suda.edu.cn
销售热线：	0512-67481020
开　　本：	700 mm×1 000 mm　1/16　印张：13　字数：213千
版　　次：	2021年11月第1版
印　　次：	2021年11月第1次印刷
书　　号：	ISBN 978-7-5672-3733-9
定　　价：	59.00元

凡购本社图书发现印装错误,请与本社联系调换。
服务热线：0512-67481020

编写说明

符号说明

？日语母语者存疑的短语或句子。

＊日语母语者觉得语法不成立的短语或句子。

例句、文章、图片出处

本书例句分为两种：学习者的误用和正确表达。误用例句均来自笔者在教学过程中遇到的学习者产出的错误句子或表达。正确表达除引用例句外，其他句子、文章、图片均来自日本雅虎新闻（https://news.yahoo.co.jp/）或日本雅虎搜索引擎（https://www.yahoo.co.jp/）。自拟例句均在括号内标注有"笔者自拟"字样。

单词释义出处

北原保雄. 明镜国语词典［M］. 3版. 东京：大修馆书店，2020.

导 语

　　笔者曾经是一名日语专业的学生，在国内读研、国外读博，后来成了一名大学日语教师。学习日语15年，从事日语教育工作8年，一路走来，在学习者和教育者这两个角色之间切换，有了许多感悟和心得。特别是走上讲台以后，作为一名汉语母语者，笔者在解说单词、语法，以及剖析语言规律时，往往会和学习者站在相同的立场，反复回顾自己学习日语的过程，摸索更贴合学习者需求的教学方法。其中，纠正误用和怎样学习难以掌握的知识点是笔者最想分享给学习者的。同时，通过反思这些误用，笔者也能在研究中激发新的火花，获得新的认知，进而将其运用在教学上，让教学变得更有针对性。笔者将自身的经验与在日常教学中遇到的误用相结合，调查并分析学习者的误用倾向，从学习者的实际需求出发，思考日语语言该如何表达、为何这样表达。这样一来，教学和研究衔接在了一起，而这也是笔者撰写本书的契机。

　　本书着眼于语言习得初级阶段最基础的两个部分（语法和词汇），以实际教学过程中笔者遇到的日语专业一、二年级学习者出现的高频误用为切入点，遵循"发现误用→建立假说→实际调查→分析倾向→对比教材→展开分析"这一研究步骤，通过实际调查和考证误用率和误用倾向，对比现有教科书上的解释和说明等，然后运用语言学知识对它们进行分析。本书的第1部分语法误用研究主要考查「動詞＋ている」的用法、主观意志表达、"应该……"对应的日语表达、授受表达「～てもらう」；第2部分词汇误用研究主要考查自他动词的选择、「多い」和「少ない」的名词修饰用法、「遠い」的名词修饰用法、「強い」和「弱い」的认知区别。无论是理解方面，还是产出角度方面，这8个高频知识点都算不上复杂，大多出现

在日语学习的初级阶段。但直至高年级，学习者混用、乱用这8个高频知识点的现象依然存在（笔者调查并证实了这一观点）。总的来说，本书属于误用研究，为语言习得而服务。

进行日语误用研究是为了让学习者更有针对性地学习日语。然而，从日语专业的现实来看，笔者所在的学校每年的本科毕业生大约为80人，读研的有30多人，占比近40%。在这30多人中，继续选择日语相关专业（日语语言学、汉日对比语言学、日语教育学、翻译学、日本文学等）的学生寥寥无几，包括保研生在内，最多也就五六个人。对部分人而言，日语或语言本身乏善可陈，他们无法想象以后从事语言方面的研究。这些人在大学4年的学习生涯中，未曾对所学专业产生过兴趣，感觉自己"怎么学都说不对""不是学语言的料"的人不在少数，这是颇使笔者感到痛心的事情。这从侧面反映了现如今的教学体制存在的欠缺之处。对于零起点的教学对象，当前的教学更侧重于教授知识，而对于为什么这么表达，相同语境下汉语表达和日语表达为什么有如此大的差别等问题的解决却很难呈现在如今的课堂教学中。学习者没有弄懂语法点，出了错却不知道为什么错，不理解为什么与正确答案有出入。这些都会直接影响学习者的积极性和求知欲，日积月累下来，学习者就会丧失对语言学习的兴趣。基于这样的现状，误用研究要更有针对性，以便解决实际问题。

语言教学必然伴随着知识点的输出，是以学习者单纯掌握知识点、达到会用即可的目标就行，还是希望学习者能够真正领悟语言背后的规律和法则，体会学习语言的乐趣？是按照教科书的编排，照本宣科，讲解单词、语法、文章，还是引导学习者思考知识点的具体使用方法？是照搬教科书的内容，还是举一反三，引导学习者思考相同、相近或不同的知识点？这些都是教师应该深思的问题。除了教学目的和方法之外，教材编写也需要得到充分的关注。现有研究大多关注教学策略和手段，针对教材的讨论可以说是凤毛麟角。就国内日语专业使用最多的教材《新编日语（重排本）》（上海外语教育出版社出版）4册书而言，大一年级学习第一、第二两册，大二年级学习第三、第四两册。这套书具有一套完整的语法教学体系，偏重于从语言学层面讲解知识点，在知识点编排上具有连贯性和合理性。但这套书仍然存在着部分知识点导入顺序不合理、解释不合理或解释不充分等问题。这些问题极有可能引发学习者的误用，笔者在课堂教学时也确实发

现了学习者的误用情况。

在以往的研究中，初级日语的误用研究较多关注语言的产出形式和教授方法，而本书更关注语言本身，8个章节的分析均从学习者的误用出发，通过调查把握学习者的习得情况，再对使用错误的地方进行阐释。尽管调查规模不大，所获的数据不足以形成语料库，但调查结果足以证明部分知识点的误用概率之高，因而从应用层面证明了这些内容都值得更深入的探讨和分析。虽然本书考查的8个知识点谈不上系统、连贯，但笔者希望借助此类分析，能帮助学习者弄清知识点，为日语教学和研究献上绵薄之力。

第 1 部分 语法误用研究

第 1 章 「動詞＋ている」的用法
　　——「桜の花が落ちている」和「桜の花が落ちた」有什么区别?
　　／ 2
1.1　「～ている」的几种用法　／ 3
1.2　教科书讲解　／ 4
1.3　学习者对「～ている」用法的理解　／ 6
1.4　相关用法的习得情况　／ 10
1.5　「～と考えられる」和「～と考えられている」的区别　／ 27
1.6　小结　／ 37

第 2 章　主观意志表达
　　——为什么不能把"他想去美国"说成「＊彼はアメリカへ行きたいと思う」　／ 38
2.1　「～と思う」和「～と考える」的区别　／ 39
2.2　人称限制　／ 41
2.3　"我很想男朋友""妈妈很想我""我很想家"该如何表达?　／ 56
2.4　「～たがる」的陷阱　／ 61
2.5　小结　／ 70

第 3 章　"应该……"对应的日语表达
　　——为什么「＊自分の母語が美しい言語だと思わないはずではない」是错句?　／ 71
3.1　「～はずだ」的引申句型　／ 72

3.2　学习者对"应该"和「はずだ」的理解　/ 74

3.3　"应该"或"不应该"对应的日语表达形式　/ 80

3.4　小结　/ 90

第4章　授受表达「～てもらう」
　　　　——该怎么表达"朋友让我去他家里玩"?　/ 91

4.1　「～てもらう」的语义　/ 91

4.2　教科书讲解和学习者习得情况　/ 93

4.3　「動詞＋(さ)せてもらう」　/ 96

4.4　"老师让我们交报告"应该怎么表达?　/ 104

4.5　「三人称に＋動詞てもらう」　/ 107

4.6　小结　/ 109

第 2 部分　词汇误用研究

第5章　自他动词的选择
　　　　——「あ、開いた!」和「あっ、開けた!」有什么区别?　/ 112

5.1　自他动词误用表现　/ 112

5.2　自他动词误用分类　/ 114

5.3　他动词、自动词的选择　/ 120

5.4　小结　/ 124

第6章　「多い」和「少ない」的名词修饰用法
　　　　——为什么「＊多い人が来るでしょう」是错句?　/ 125

6.1　形容词的语法功能　/ 126

6.2　「多い」和「多く」的语义　/ 127

6.3　「多い」作定语成分的几种用法　/ 129

6.4　「少ない」的用法　/ 135

6.5　小结　/ 137

第7章　「遠い」的名词修饰用法
　　　　——为什么「＊遠いスーパーに行きたい」是错句?　/ 138

7.1　「遠い」的语义　/ 139

7.2　「遠い」与「遠く」可否互换?　/ 139

7.3　先行研究与问题所在　/ 140

7.4　「遠い」和「遠く」的区别　/ 145

7.5 小结 / 160

第 8 章 「強い」和「弱い」的认知区别
　　——"真强"能否直接对应为「本当に強いね!」? / 162
　8.1 形容词认知失误引发的误用 / 162
　8.2 关于「強い」的探讨 / 166
　8.3 关于「弱い」的探讨 / 178
　8.4 小结 / 191

参考文献 / 192

第1部分

语法误用研究

第1章
「動詞＋ている」的用法

——「桜の花が落ちている」和「桜の花が落ちた」有什么区别？

张麟声（2001）曾经指出，对于中国的日语学习者来说，「～ている」是一个较难的语法点。他举出例（1），认为在该场景中，与日语母语者相比，汉语母语者习惯使用过去式「～た」形。

> （1）（知人の庭の花が満開であるのを見て）
> 花がきれいに咲いていますね。（张麟声，2001）

面对满园怒放的鲜花，恐怕没有汉语母语者会说"花都开着"，更为自然的说法是"花都开了"。部分学习者直接将汉语的表达方式套用到了日语上，选择了「花がきれいに咲きましたね」这类表达。像「～ている」这种动词在句尾的形式变化一直都是日语学习的重难点之一。一般来说，我们把它称为"体"。一般意义上，"体"的概念来源于俄语等斯拉夫语的"ВИД（英语译为aspect，日语译为「アスペクト」）"（修刚，2001）。《明镜国语词典》将「アスペクト」解释为「動詞の表す動作を、その動作が時とともに展開してゆく過程においてとらえたときのさまざまなあり方、及びそれを表現する組織的な文法形式」，也就是"（说话者）用语法形式表现出动词所表示的动作及这一动作不断进行的过程"[1]。修刚（2001）指出，在日语学界，"体"研究的集大成者是寺村秀夫，寺村秀夫（1982）

---

[1] 本书的单词释义全部来自日本大修馆书店于2020年12月出版、由北原保雄编著的《明镜国语词典》（第3版）。

第1章　「動詞＋ている」的用法
—— 「桜の花が落ちている」和「桜の花が落ちた」有什么区别?

在『日本語のシンタクスと意味Ⅱ』(《日语的句法与意义Ⅱ》)一书中系统论述了"体"的表现形式与意义,指出在日语中把某一事项定位于某一过程中时,要表达完了、未结束和持续等,主要有三种表现形式:(1)动词活用形;(2)动词的「テ」形式后接补助动词;(3)动词的连用形后接部分补助动词。其中,寺村秀夫(1982)把「スル」「シタ」作为第一形式,把「テイル」「テアル」「テシマウ」「テイク」「テクル」等作为第二形式,把「～オワル」「～オエル」「～ダス」「～ツヅケル」「～ハジメル」等作为第三形式[1]。

总的来说,"体"属于表示动作、状态、作用在指定时点展开的状况(完了、实现还是未完、未实现,持续还是未持续)的语法范畴。无论是从句意而言,还是从句子结构而言,在日语的实际应用中,"体"的应用非常考验学习者的日语功底。如例(1)所示,学习者运用日语动词持续体「～ている」时易受汉语的影响。本书第一章主要针对「～ている」语态进行讲解,先大致归纳其用法,再探讨学习者的出错倾向。

1.1 「～ている」的几种用法

关于「～ている」的用法,学界已经有了诸多探讨,最初有吉川武时(1976)、寺村秀夫(1982)、工藤真由美(1995)等学者指出其用法较丰富,对学习者而言,学习负担重、学习难度高。白川恭弘(1998)在总结以上语言学家的学说之后,对「～ている」的用法做了以下总结。

> ① 動作の持続:山田さんは図書館で本を読んでいる。
> ② 結果の状態:財布が落ちている。
> ③ パーフェクト:ご飯はもう食べている。
> ④ 繰り返し:山田さんは毎朝ジョギングをしている。
> ⑤ 単なる状態:学校の北側に高い山が聳えている。

庵功雄(2001)在此基础上对「～ている」的用法进行了更为细致的

---

[1] 也有观点认为需要将语法形式的"体"和语义的"体"区分开来。例如,加藤彰彦(1989)就指出,动词的「た」形与表示终结的「動詞＋終わる」性质完全不同。本研究主要从学习者的角度出发,观察学习者的偏误并分析其原因,对语法本身的分类不做区分。

划分[1]。

> a. 進行中
> - 田中さんは部屋で本を読んでいる。
> b. 結果残存
> - 窓ガラスが割れている。
> c. 繰り返し
> - 田中さんは毎朝ジョキングをしている。
> d. 効力持続
> - この橋は5年前に壊れている。
> e. 記録
> - 犯人は3日前にこの店でうどんを食べている。
> f. 単なる状態
> - 学校の北側に高い山がそびえている。

以上两种分类方法中，白川恭弘（1998）总结的①②③④⑤的分类分别与庵功雄（2001）的a、b、c、d、f的分类相对应。庵功雄（2001）在分类中新增了表示"记录"的e，这一用法平时使用率较低，多出现于小说、新闻或笔录中。两位学者的分类方法是目前总结得较为全面、学界认可度较高的。由于庵功雄（2001）的分类更为细致和科学，本节沿用其观点。

1.2　教科书讲解

在日语初学阶段中，学习者一般主要关注「～ている」最基础的两个用法，即表示动作进行和表示状态的持续。笔者翻阅了目前中国国内较为常用的日语教科书［《标准日本语》《大家的日语》《新编日语（重排本）》[2] 等］之后，发现这些课本对「～ている」句型的介绍都很简单。鉴于《新编日语（重排本）》在国内高校日语专业使用历史较久、覆盖面较广，笔者主要关注此套教科书，观察其各个知识点的介绍。「～ている」句型首先出现在第1册第8课，该课同时导入了「～ている」的几个基础用法。

---

[1] 庵功雄（2001）对「～ていた」的用法也一并进行了说明，此处只选取了针对「～ている」的相关表述。
[2] 共4册，上海外语教育出版社出版，周平、陈小芬编著，2016—2017年出版。

第1章 「動詞＋ている」的用法

——「桜の花が落ちている」和「桜の花が落ちた」有什么区别？

> **动词持续体**
>
> 例：ある人は歌を歌っています。（有人正在唱歌。）
>
> 二週間ほど国へ帰っていました。（回国待了两周左右。）
>
> 今は働いていませんが、前はスーパーで働いていました。（现在没有工作，之前一直在超市工作。）
>
> （1）动词持续体的意义
>
> 一般接在表示具体动作的动词后面时，动词持续体表示正在进行的动作（如「歌っています」），或经常、反复进行的动作。除此之外，则表示某种状态或动作结果的存续（如「帰っていました」）。
>
> （2）动词持续体的构成[1]
>
> （3）动词持续体的过去式与过去否定式
>
> 动词持续体的过去式是「〜ていました」，否定式是「〜ていません」，过去否定式是「〜ていませんでした」。
>
> <u>动词持续体的过去式表示过去某一时间或某一段时间所进行的动作或某种状态。否定式表示动作或作用的尚未实现。</u>
>
> - わたしはいまお茶を飲んでいます。（我正在喝茶。）
> - 私はセーターを着ています。ですから、寒くありません。（我穿着毛衣，因此不冷。）
> - 今日の新聞はまだ読んでいません。（还没有看今天的报纸。）
> - その時、わたしは遊んでいませんでした。勉強していました。（那时我不是在玩，而是在学习。）
> - 「もう終わりましたか。」「いいえ、まだ終わっていません。」（"已经结束了吗？""还没呢。"）[2]

由上述内容可知，教科书上对「〜ている」的定义有以下3种：一是表示正在进行的动作；二是表示经常、反复进行的动作；三是表示某种状态或动作结果的存续。配合上例句，前两种用法比较好理解，但最后一种用法似乎比较令人费解。上述画线部分中，表示状态与表示动作结果存续的「〜ている」被放在了一起，实际上这两个用法所出现的场合并不相同。我们用两个例子来说明这两个用法的区别，如下文例（2）表示的是餐厅里人很少（或没有人），餐厅非常空，而例（3）则说的是"会议结束"这一

---

[1] 这一部分主要介绍的是动词变形的构造和方法，在此略过。
[2] 周平，陈小芬. 新编日语：第1册[M]. 重排本. 上海：上海外语教育出版社，2016：95-96.

结果的存续。在例（2）中，餐厅一直处于非常空的状态，「～ている」强调的是某种状态的延续；例（3）的「～ている」强调的是"结束"这一变化带来的结果或影响一直存在着。

> （2）あのレストランは大変空いている。
> （3）会議はもう終わっている。

因此，画线部分的讲解中，文字意思较为含糊。那样将这两种用法简单划分为一类的话，极有可能让学习者一头雾水。如果按字面意思理解"动作结果的存续"，例（3）的动作结果为"会议结束"，那么学习者该如何理解"会议结束"这一结果处于存续状态呢？例（3）与「会議はもう終わった」又有什么区别呢？笔者认为有必要对这两种用法分别进行说明，并对「結果残存」这一用法的表述进行修正。

1.3 学习者对「～ている」用法的理解

上一节已经提到，在「～ている」的众多用法里，使用频率最高的是表示动作正在进行和状态的持续。现有的教科书未涉及其他用法的讲解，这难免会导致学习者的忽视。因此，首先来看学习者是否对「～ている」有着正确的理解。下面这篇文章中一共出现了22个「～ている」，用法各异。笔者针对所执教大学大二年级下学期的30名学习者做了调查，调查方法如下：学习者在阅读这篇文章后，判断文章中的22个「～ている」分别属于哪种用法。阅读和作答时间为20分钟。在阅读文章前，笔者将「～ている」的6种用法（庵功雄，2001）译为汉语，并针对学习者做了说明。

a. 动作进行。
b. 结果持续。
c. 动作反复。
d. 影响持续。
e. 记录。
f. 状态持续。

考虑学习者目前所处的学习阶段，笔者选择了与日语能力考试N2水平

第1章 「動詞+ている」的用法
——「桜の花が落ちている」和「桜の花が落ちた」有什么区别?

相当的阅读素材,内容如下。

出版業界はもう①終わっている(b)

　　これは出版業に隣接する場所で働く人間にはこう②見ている(f)という話だ。出版業は苦境に③立たされている(f)、新しい売り方を模索せねば[1]、と④聞いている(d)が、いや、苦境どころじゃなくてもう⑤終わっている(b)よなーと素直に思う。

　　編集者はいつ会っても⑥疲弊している(f)。ノルマに追われ、考える時間がない。著者を見つけ、本を作っても、宣伝費がないので売る方法がない。ノルマがあるので完成したらすぐ次の本に取り掛からなきゃいけない。同時並行で⑦やっている(a)ので、一冊に力をかけることもできないし、完成したら販売に力を入れることもできない。結果、作ったらあとは放置。売れてくれたらラッキー。そのぐらいの気持ちで⑧やっている(a)。

　　宣伝費がかけられないので、少しでも売れる確率をあげたければ、すでにファンがいる人間にあたらなきゃいけなくなる。なので、ツイッターでフォロワーが多い人間、ブログが少しでもバズった人間に声をかける。だから、今はネットでちょっとでもバズると、すぐに出版の声がかかる。今やネットで人気のある人が毎月のように本を出す。フォロワーに対して「なんと本を書きました!」と報告する。初版は6,000部。編集者からは「普通はもっと少ないんですけど、フォロワーが多いので増やしました」⑨と言われている(c)。「うちは新人の印税は7%なんですよ……」と申し訳なさそうに言う。ツイッタラーは一生で初めての出版なので、舞い上がり、少ない報酬でも睡眠時間を削って書く。だから、出版を報告するのは一世一代のことだし、売れてくれと⑩願っている(c)。だけど、出版社はそうじゃない。出版社は現実を⑪知っていて(f)、売れないことを⑫見込んでいる(f)。フォロワーたちが買って、万が一にもヒットしたらいいと⑬考えている(f)。

　　売れないことがもはや当たり前なので、本を出してそれが売れなくても、気にしない。というか、気にする余裕がない。次の本を完成させなきゃいけないのだ。売れないことで凹ん[2]だりはしない。だけど、著者は違う。報告ツイートは「いいね!」されたけど、レビューもそんなにつかず、ツイッターで感想もあまりつぶやかれず、「これでほかの出版社からも依頼があるかも」と⑭期待していた(f)けど何もなく、「あれ?」と⑮思っている(f)あいだに、ビックリするほど静かに時間が過ぎていく。そして、また別のツイッタラーが「本を出しました!」と報告する。

そこで出るツイッタラーの本も通り一遍なものだ。生い立ちを語り、私はこうやって成功しました、と成功談をつづる。ちょっとツイッターでバズった[3]ぐらいの人間が、ものすごい人生を⑯送っている（f）わけでもない。文章がすごいわけでもない。だから、どこかで見たありがちな内容になって、売れない。

本はビックリするほどたくさん⑰出ていて（f）、そしてビックリするほど売れない。

本屋に行けば、いつも同じ本が⑱並んでいる（f）。「自由に生きよう」「夢を諦めるな」「こうすれば上手くいく」同じような内容を著者を変え、毎日⑲出している（c）。どれかが万が一にもヒットしてくれたらいいと思いながら。

小説はどれも内容違うじゃないか、と言われるかもしれない。だけど、小説はもう本当に売れない。書くのに2年かかって部数は4,000部。特に宣伝もされずに一部の書店に一週間ほど置かれてなくなっていく。そして、売れなかったことを理由に次回作は出ない。

じゃあ、売れる本は何なのか、というと、偶然としか言えない。たまたまタイトルが時流に⑳合っていた（f）、たまたま表紙がキャッチー[4]だった、たまたま部数が多く出て書店での露出が多かった——これらの偶然が重なって発売数日、書店での売れ行きがいい。すると、出版社は「おっ」と思い、「じゃあ新聞広告出すか」とここでやっと宣伝することを考え始める。宣伝するとそれなりに売れる。だから、増刷をする。すると、書店で目につきやすくなるので、また売れる。その売上を見て、また広告を入れる。すると、また売れる。一度売れだすとこういう循環が回り出す。

じゃあ、最初から部数を多くして、宣伝をしていけばいいじゃないか、と思うかもしれない。だけど、そんなことは怖くてできない。すでに数字がないと営業や宣伝を説得できない。

こんな構造が㉑できあがっている（b）ので、いい本はできないし、著者の期待は裏切っていく。似たような本しかないので読者も離れていく。これはもう「構造改革」でなんとかなる話ではなく、すでに業界が㉒瓦解している（b）と思う。

注释：

[1] せねば：しなければ。

[2] 凹む：気持ちが沈む。弱気になる。

[3] バズる：インターネット上で口コミなどを通じて一躍話題となるさま。各種メディアや一般消費者の話題を席巻するさま。

[4] キャッチー：受けそうであるさま、人気になりそうなさま。

（注释为笔者自行加入的内容）

第1章 「動詞＋ている」的用法
——「桜の花が落ちている」和「桜の花が落ちた」有什么区别?

每一个「～ている」后面都标注了对应的用法，其用法的归纳见表1-1。这篇文章中用得最多的是表示"状态持续"的f，其次为表示"结果持续"的b。

表1-1 「出版業界はもう終わっている」一文中「～ている」用法的归纳

a.动作进行	b.结果持续	c.动作反复	d.影响持续	e.记录	f.状态持续
⑦⑧	①⑤㉑㉒	⑨⑩⑲	④	无	②③⑥⑪⑫⑬⑭⑮⑯⑰⑱⑳

接下来笔者将学习者判断22个「～ている」用法的统计数据进行整理(表1-2)。

表1-2 30名学习者对22个「～ている」的理解统计[1]

序号	a.动作进行/名(占百分比/%)	b.结果持续/名(占百分比/%)	c.动作反复/名(占百分比/%)	d.影响持续/名(占百分比/%)	e.记录/名(占百分比/%)	f.状态持续/名(占百分比/%)
①	5(16.7)	2(6.7)	0(0)	4(13.3)	0(0)	**19(63.3)**
②	12(40.0)	0(0)	0(0)	0(0)	0(0)	**18(60.0)**
③	0(0)	0(0)	0(0)	0(0)	0(0)	**30(100)**
④	**19(63.3)**	0(0)	0(0)	0(0)	0(0)	11(36.7)
⑤	0(0)	5(16.0)	0(0)	4(13.3)	0(0)	**21(70.0)**
⑥	0(0)	0(0)	0(0)	0(0)	0(0)	**30(100)**
⑦	**25(83.3)**	0(0)	5(16.7)	0(0)	0(0)	0(0)
⑧	**26(86.7)**	0(0)	4(13.3)	0(0)	0(0)	0(0)
⑨	6(20)	0(0)	**14(46.7)**	0(0)	0(0)	10(33.3)
⑩	**15(50)**	0(0)	10(33.3)	0(0)	0(0)	5(16.7)
⑪	0(0)	8(26.7)	0(0)	8(26.7)	0(0)	**14(46.7)**
⑫	**14(46.7)**	6(20)	0(0)	2(6.7)	0(0)	8(26.7)
⑬	**19(63.3)**	0(0)	9(30)	0(0)	0(0)	2(6.7)
⑭	0(0)	0(0)	0(0)	7(23.3)	0(0)	**23(76.7)**
⑮	**20(66.7)**	0(0)	9(30)	0(0)	0(0)	1(3.3)
⑯	11(36.7)	0(0)	0(0)	0(0)	0(0)	**19(63.3)**
⑰	0(0)	3(10)	0(0)	0(0)	0(0)	**27(90.0)**
⑱	0(0)	0(0)	0(0)	0(0)	0(0)	**30(100)**
⑲	5(16.7)	0(0)	**25(83.3)**	0(0)	0(0)	0(0)

---

[1] 底框颜色设为灰色处表示正确用法，黑体字处表示选择该用法的学习者最多。

续表

序号	a.动作进行/名 (占百分比/%)	b.结果持续/名 (占百分比/%)	c.动作反复/名 (占百分比/%)	d.影响持续/名 (占百分比/%)	e.记录/名 (占百分比/%)	f.状态持续/名 (占百分比/%)
⑳	0(0)	0(0)	0(0)	0(0)	0(0)	**30(100)**
㉑	4(13.3)	9(30.0)	0(0)	0(0)	0(0)	**17(56.7)**
㉒	**11(36.7)**	8(26.7)	0(0)	1(3.3)	0(0)	10(33.3)

如表 1-2 所示，尽管笔者在调查前已经对这几种用法做了说明，但是学习者对「～ている」的认知仍然主要停留在动作进行、动作反复和状态持续这 3 种用法上。比较明显的两个特征如下：(1) 学习者习惯将「～と思っている」「～と考えている」「～と願っている」中的「～ている」视为动作的现在进行式；(2) 学习者普遍对结果持续和影响持续的用法缺乏认知。对第一个特征，在「～と思っている」「～と考えている」这类表示想法或思考内容的句子中，「～ている」表示的并不是当下正在进行的动作，而是某一段时期或一直以来的想法，这与「今、ごはんを食べている」中"正在吃饭"的"正在"是不同的。因此，笔者将其归类在 f 用法里，也就是"状态持续"。在调查的后续访谈中，笔者对选择 a 用法的学习者提出了问题："在「～と思っている」「～と考えている」这样的句子里，为什么会认为「～ている」表示的是正在进行的动作？"学习者的回答是"因为觉得是作者当时的想法""没有思考那么多，就觉得跟英语的现在进行时差不多"。可见学习者对「～ている」的用法未做过多的思考。由于「～と思っている」「～と考えている」可被理解为作者写作时的想法，因此学习者的这一误用尚可理解。对第二个特征，「～ている」表示"结果持续"的用法，一直以来在日语教学中似乎很少被提及。

1.4 相关用法的习得情况

1.4.1 「結果残存」

"结果持续"的日语表达为「結果残存」。庵功雄（2001）将其解释为「観察時以前に起こった出来事の結果が観察時にも存在していることを表す。この場合の『結果』は『(主体の) 変化の結果』である」（某事态在被观察到之前，事情就已经发生且结果一直保持到现在。这里的"结果"指的是"主体变化的结果"）。庵功雄（2001）将这之间的逻辑关系用图 1-1

表示了出来。「ア」指的是「現在の進行中」，「イ」指的是「未来の進行中」。

图1-1　表示「結果残存」的「～ている」的图示

具体例句见例（4）。窗户玻璃碎了是现有的事实，但玻璃破碎一事并不是在说话者说话当下发生的，而是在说话者说话之前就已经发生了。因此，这里的「結果残存」指的是玻璃在某一时刻破碎，"破碎"这一变化的结果一直持续到说话者说话的当下。

> （4）窓ガラスが割れている。［庵功雄，2001（24）］

图1-2清晰地展示了这种逻辑关系。需要注意的是，在「窓ガラスが割れた」这个句子中，用的是过去式「～た」形，但它表示的是玻璃破碎那一瞬间的变化。

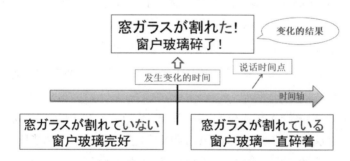

图1-2　「窓ガラスが割れている」的时间逻辑图

庵功雄（2001）对这两个句子的区别解释如下。

> 台所に入って皿が割れた状態にあるのを発見した場合には（26）bは使えず、（26）aが使われる。（26）bが使えるのは変化を実際に目撃した場合に限られる（その場合「は～た」は完了を表す）。
> （26）a.　あっ、皿が割れている。
> 　　　b.　♯あっ、皿が割れた。

具体来看，「皿が割れている」说的是进入厨房后，发现盘子已经处于破碎的状态，而「皿が割れた」是对盘子破碎那一瞬间的描述。汉语的表达与日语的表达有较大的不同。不妨设想相同的场景，主人公在进入厨房后发现盘子碎了一地，这时候他可能会脱口而出："啊，盘子碎了！"假如是我们自己失手打碎了盘子，既可以说"啊，我把盘子打碎了！"，也可以说"啊，盘子碎了！"。也就是说，无论是盘子早就处于破碎的状态，还是描述盘子当下被打碎的情景，在汉语思维中，都偏向于使用表示过去的"了"。如果非要把「～ている」翻译出来，只能说成"盘子是碎着的"，而这个句子很明显不适用于以上两种场合。假如说话者走进厨房，看见了破碎的盘子，这时恰好有其他人走进来，问盘子为什么碎了（或者怀疑盘子是说话者打碎的），说话者就可以说："我进来的时候，盘子已经是碎着的。"（「キッチンに入ったとき、お皿が割れているよ。」）这里强调的是盘子早就处于碎的状态，而不是强调"碎了"这个变化。在日语中，「～た」只能表示过去某一个时间点出现的变化，并不能体现现在情况如何，与「～ている」在语义上有着严格的区别。

关于日汉表达方式不同的原因，张麟声（2001）做了如下阐释：日语「～ている」表达的是事情虽然已经完成，但已完成的事情对说话者来说仍具有一定的影响力；汉语的叙述重点在于陈述事情的完成情况，因此倾向于使用表示过去的"了"。一般来说，汉语中的"了"足以表达事情的变化、事态的进展，而日语则把变化的产生和变化带来的影响通过「～た」和「～ている」区分开来。

以上就是「～ている」在表示「结果残存」时的用法及其与「～た」的区别，这是汉语母语学习者难以习得的语法点之一。究其原因，还是因为中日表达习惯的不同。因此，在很多需要表示变化后影响仍存在的场合中，学习者受汉语的影响，会使用「～た」。这也是开头部分例（1）不够自然的原因。

1.4.2 「结果残存」用法的习得情况

为了调查学习者是否掌握了表示「结果残存」的「～ている」的用法，笔者针对就读于大二、大三年级的各 20 名学习者进行了调查。调查内容为：向其展示以下 4 幅场景图（图 1-3），要求学习者对图进行简单的说明。

第1章 「動詞＋ている」的用法
—— 「桜の花が落ちている」和「桜の花が落ちた」有什么区别？

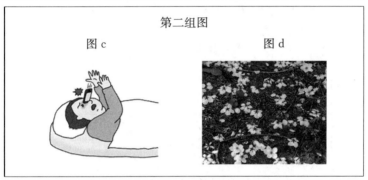

图1-3 4幅场景图

在第一组图中，图 a 显示的是男孩打棒球时不小心打碎了窗户的玻璃，图 b 显示的是女孩走进房间时惊讶地发现玻璃碎了。一般来说，图 a 对应的日语表达既可以用他动词句「（あっ、やばい！）窓ガラスを割ってしまった」，也可以用自动词句「（あっ、やばい！）窓ガラスが割れた」。图 b 的表达较为多样化，可以用他动词句「あ、誰かが窓ガラスを割ってしまった」，也可以用被动句「あ、窓ガラスが誰かに割られてしまった」，还可以用自动词句「あ、窓ガラスが割れている」。在第二组图中，图 c 显示的是主人公睡前玩手机，不小心把手机掉落在自己脸上，图 d 是满地凋零的樱花。图 c 中因没能握紧手机，手机从手中滑落，使用自动词句「携帯が落ちた」更为自然。同时，也可以通过他动词句「携帯を落とした」来突显没拿稳手机致使手机掉落的情况。图 d 中花瓣已经掉落到了地面上，"掉落"这个变化已经发生，且影响一直持续到说话者观察到这一现象并进行

描述的时刻，因此可译为「桜の花が（地面に）落ちている」[1]。

在调查开始之前，笔者要求学习者对4幅图做出简单的说明。第一组图的表达如表1-3和表1-4所示。限于篇幅，此处各列举4例[2]。

表1-3　学习者对图 a 描述的统计

句型		「～た」选择人数 （占百分比/％）及例句	「～ている」选择人数 （占百分比/％）及例句		合计
他动词句	18(45)	• 男の子が窓ガラスを割りました。 • 子どもが窓ガラスを壊してしまった。 • 子どもが野球を遊んで、窓ガラスを壊した。 • 野球をしている子どもが部屋の窓を壊しました。	0(0)	无	24(60)
	6(15)	• 窓ガラスを壊しちゃった！ • くそ！どうしよう！窓ガラスを壊したよ！ • やばいな！この窓ガラスを壊したよ。どうしよう。 • ガラスを壊しました。ほんとうに困ったな！	0(0)	无	
被动句	16(40)	• 部屋の窓ガラスが男の子に割られた。 • 窓ガラスが知らない子どもに壊されてしまった。本当に怒る！ • 家の窓が野球少年に壊された。 • 窓ガラスが野球をしている男の子に壊された。	0(0)	无	16(40)

---

[1]「桜の花が落ちている」还有另一层语义，即樱花翩翩飞舞。除此之外，还可以使用「桜の花が落ちてくる」或「桜の花が落ちていく」来表达这一语义。之所以加上「～てくる」或「～ていく」这样的位移动词，笔者认为跟视点（说话者所处的位置）有关。如果说话者站在樱花树下，看到花瓣自头顶掉至地面，「桜の花が落ちてくる」就可以很好地诠释。相反，如果说话者站在离樱花树较远的地方，远远地观看樱花凋落，则可以使用「桜の花が落ちていく」。同时，「～てくる」或「～ていく」还可以增强花瓣不断掉落的动态感。

[2] 由于学习者给出的句子大多相差无几，此处仅列举其中一部分。另外，由于其他的误用与本章的研究对象无关，这里笔者不再做讨论。

表 1-4　学习者对图 b 描述的统计

句型	「～た」选择人数 （占百分比/%）及例句		「～ている」选择人数 （占百分比/%）及例句		合计
被动句	25 (62.5)	・部屋に入ると、窓ガラスが誰かに割られた。 ・部屋の窓ガラスが知らない人に壊された。 ・窓ガラスがどうしてか壊されました。 ・うちの窓が知らない人に壊されてしまった。	0(0)	无	25(62.5)
自动词句	14(35)	・だれが部屋に入ったの？窓が割れた！ ・部屋に入ったとき、窓のガラスが壊れた。 ・部屋の窓ガラスが壊れました。 ・部屋に入って、窓が壊れた。だれが壊したの？	1(2.5)	・窓のガラスが壊れていた。	15(37.5)

图 a 的调查结果（表 1-3）显示，学习者给出的所有表达中句尾都选择过去式「～た」形；另外，未观察到自动词句的表达。有 24 名学习者（占比 60%）选择了他动词句，其中有 18 名学习者站在第三者（旁观者）的角度，对图片内容进行了客观的描述，其句式均为主动句式，即「動作の行い手（は/が）＋窓ガラス（を）＋他動詞」[1]。另外，6 名学习者选择了主人公视角，句型多为「わたし/ぼく（は/が）＋窓ガラス（を）＋他動詞」。相反，有 16 名学习者站在房子主人的角度，选择了「窓ガラス（は/が）＋動作の行い手（に）＋他動詞の受身形」这一被动句式。由此可见，学习者倾向于将这一事件理解为动作执行者在过去某一时间内主动进行的行为，动作的结果已经产生，这一结果停留在了过去。

图 b 的调查结果（表 1-4）与图 a 有所不同。大部分学习者站在了房子

---

[1] 虽然「割る」已经学过，但是仅有 5 名学习者写出了这个词，大部分学习者选择了「壊す」。「壊す」并没有"打碎……""使……破碎/碎裂"的意思，但本次调查不考查学习者对词汇的掌握程度，这里对此不做讨论。

主人的角度，使用了被动句「窓ガラス（は/が）＋（動作の行い手に＋）動詞受身形」，主语承受了他人行为的影响，且这一影响给主语带来了伤害。值得注意的是，15名学习者选择了以「窓ガラス」为主语的自动词句式，句型为「窓ガラス（は/が）＋自動詞」。然而，令人遗憾的是这15名学习者均使用了过去时时态。笔者观察到只有1名学习者使用了「～ている」，但时态方面仍选择了过去时。显然，除非房子的主人进入房间时，窗户的玻璃正处于破碎的状况中，否则「窓ガラスが割れた」不符合图b。笔者对使用了自动词句的15名学习者做了后续访谈，了解他们对这幅图的理解，15人都认为这幅图描绘的是主人公在进入房间后，发现玻璃碎了这一事实。而从他们使用自动词的「～た」形来看，很明显他们并没有掌握或意识到「～ている」表示的「結果残存」这一用法。

学习者们不约而同选用过去时的原因，笔者认为与人物介入事件有很大关联。由于这两幅图出现了动作主体，当动作主体，即主人公出现时，学习者难免会从图中人物角度出发描述，因此多选择主动句，句型结构则是将动作实施者作为主语的主谓宾结构。而从动作实施者的角度来看，打碎玻璃无疑是一瞬间的事情，这也意味着在描述事件时，学习者势必会将其作为一件已经发生的事情来看待，从而选择用「～た」形来进行表达。

第二组的两幅图描绘的是自动掉落的物体。可以预想到学习者在描述时会选择将手机或樱花作为主语，至于用哪种语态来表达其掉落的状态，则是我们需要重点关注的内容。

首先，在学习者对图c的描述（表1-5）中，40名学习者都选择了过去时。而在后续访谈中，学习者也纷纷表示手机掉下来是已经发生的事情。对于自动词和他动词的选用标准，有学习者表示："大家都经历过这样的事——明明很困，但还要玩手机，手机就砸到脸上了。"也就是说，学习者们普遍认为手机砸到脸上并非是手没拿稳，而是手机自己掉落的，因此选择了自动词。表1-6是关于图d的调查结果。

第1章 「動詞＋ている」の用法
——「桜の花が落ちている」和「桜の花が落ちた」有什么区别？

表 1-5　学习者对图 c 描述的统计

句型	「〜た」选择人数（占百分比/%）及例句	「〜ている」选择人数（占百分比/%）及例句	合计
自动词句	40（100）	<ul><li>携帯を遊んでいるとき、携帯が急に落ちた。</li><li>携帯が顔に落ちて、とても痛くなった。</li><li>寝る前にいつも携帯を見ていますが、とても眠いから、携帯が落ちてしまいました。</li></ul>	0（0）　无	40（100）

表 1-6　学习者对图 d 描述的统计

句型	「〜た」选择人数（占百分比/%）及例句	「〜ている」选择人数（占百分比/%）及例句	合计
自动词句	40（100）	<ul><li>携帯を遊んでいるとき、携帯が急に落ちた。</li><li>携帯が顔に落ちて、とても痛くなった。</li><li>寝る前にいつも携帯を見ていますが、とても眠いから、携帯が落ちてしまいました。</li></ul>	0（0）　无	40（100）

在对图 d 的调查中，令人惊讶的是，40 名学习者中竟然没有一个人使用「〜ている」[1]。在后续访谈中，学习者们都表示自己想说的是"樱花谢了，掉在了地上"。也就是说，学习者们直接将汉语的"樱花掉在了地上"翻译为「桜の花が地面に落ちた」。这个句子并无语法错误，但图 d 中樱花仍留在地上，因此这里需要使用「〜ている」来表示"掉"这个变化带来的结果一直存续着。从学习者没有使用表示「結果残存」的「〜ている」，可知学习者对这一语法点掌握不牢固，甚至从未意识到「〜ている」还有这样的用法。究其原因，是受到了汉语的影响。在汉语中，无论是樱花正从树枝上掉落，还是已掉落在地面上，我们都习惯性地表达为"樱花

---

[1] 严格来说，在形容图 d 满地凋零的樱花时，「桜の花が落ちた」这个句子本身没有错误。这个句子表示的是说话者看到樱花时，联想到樱花从树上掉落而发出樱花凋谢了的感叹。也就是说，这个句子并非描述眼前的情景，而是由眼前所见联想到观察对象此前所经历的。

谢了（掉了）"。也就是说，在某些语境下，汉语的"了"同样可以用于表示状态持续的场合，相当于日语的「～ている」。

总的来说，日语学习者并没有充分理解和掌握「～ている」表示「結果残存」这一用法，而错误地使用了「～た」。这是由两个方面的原因造成的：一是教科书上的讲解不够明了和深入，二是学习者受汉语思维的影响。笔者认为，这是一个较难理解的语法点，没有必要在导入「～ている」的最基本用法（表示动作持续和状态延续）时一并讲解，在介绍自动词和他动词的区别时讲解，也许效果更佳。根据庵功雄（2001）的解释，笔者认为将其简单定义为"发生某变化后，其结果或影响一直保留、存在"会比较好理解，再配合简单易懂的例句，学习者会容易掌握这一用法。在例句的选择上，「お皿が割れている」「パソコンが壊れている」「財布がそこに落ちている」这样的句子更适合。

1.4.3 「効力持続」和「記録」

庵功雄（2001）将「効力持続」这个用法解释为「過去に起こった動作・出来事の結果が生じた効力が観察時（多くの場合は発話時）にも存在する場合」，即过去进行的动作或发生的事情产生了一定的效果或影响，且一直持续到现在时。

> (5) 父は若いころたくさん遊んでいる。
> (6) この橋は5年前に壊れている。
> (7) 彼はこれと似た問題を以前解いている。
> (8) 父は若いころたくさん遊んでいる。だから、若い者の行動に理解がある。［庵功雄，2001（27－29）］

上述这4个句子中的「～ている」都属于「効力持続」。在例（8）这个句子中，后半句「若い者の行動に理解がある」是前半句「父は若いころたくさん遊んでいる」这件事产生的效果。庵功雄（2001）用图1-4展示了两件事之间的逻辑关系和时间推移顺序。

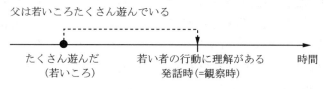

图 1-4　例（8）的时间推移顺序

岩崎卓（2000）对「結果残存」和「効力持続」这两个用法做了如下对比和说明。

> （9）この橋は 5 年前に壊れている。（効力持続）
> （10）この橋は 5 年前から壊れている。（結果残存）

这两个句子的差别在于：例（9）中桥梁损坏是 5 年前的事，损坏这件事带来的影响持续至今。如「この橋は 5 年前に壊れているから、見た目があまりきれいじゃなくなった」这个句子就可以体现出 5 年前的损坏让桥梁变得破旧这层意思。例（10）中桥梁损坏这件事情则是从 5 年前一直持续到现在，也就是说现在桥梁已经不能用了。除此之外，「効力持続」这个用法容易与「記録」混淆。庵功雄（2001）对「～ている」「記録」用法给出的定义是「観察時以前の出来事を何らかの証拠に基づいて述べたり、主語の経歴として述べたりする際に用いられる用法である」，即说话者在掌握证据后叙述以前发生的事情或叙述某人的经历。

> （11）犯人は 3 日前この店でうどんを食べている。
> （12）華麗に見える細川［護熙］さんだが、その権力論は外見とは違って、新政権の支え回る小沢一郎さんに通じるものがある。一昨年夏のテレビ講話をまとめた『権不十年』の著書によると、こんなことを述べている。政治改革の目標は、あえて反論を覚悟でいえば（略）「政治権力の強化・集中」ということしかないのではないか。（『天声人語』1993.8.7）
> （13）夏目漱石は若いころイギリスに留学している。［庵功雄，2001（32－34）］

这 3 个句子叙述的是过去发生且已经结束的事情。例（11）说的是犯

人3天前曾在这家店吃过乌冬面，「～ている」能表示「記録」，如果要给这句话设定一个场景，那就是警察或侦探在调查案件时对当时的信息做了记录。例（12）用「～によると」给出了信息来源。例（13）与例（11）用法相同，例（13）讲的是夏目漱石年轻时发生的事情并将其记录成文字，为读者呈现历史事实。

　　「記録」和「効力持続」都用于叙述过去的事情，对于二者的区别，庵功雄（2001）给出了这样的解释：「第一の違いは、効力持続の場合は上述のように述部が主語に対して有意な属性付けになっていなければならないのに対し、記録は証拠に基づいて述べているだけであるためそうした制約はないということである。違いの第二は証拠の存在にかかわるものである。つまり、記録は証拠に基づくため、証拠が現存する場合は観察時を中心に述べることが義務的になり、（観察時が発話時である場合は）タ形との間にニュアンスの違いが存在すると言う以前にタ形が使いにくくなるのである。」也就是说，区别主要有两点：一是「～ている」用法为「効力持続」时，句子必须论述主语的某个属性，而「記録」用法只是单纯描述或记录曾发生的事情；二是「記録」用法中所述的论据或事实一般伴随有消息来源。

　　以上论述了「効力持続」和「記録」这两个用法的基本含义和区别，与「～ている」的基本用法（动作持续、状态持续）相比，这两个用法都较难理解。笔者翻阅了《新编日语（重排本）》4册书后，发现均未对其进行介绍。但「～と言っている」和「～と聞いている」这两个语法点都涉及「～ている」的这两个用法。其中，「～と言っている」没有作为单独的语法点列出，是在导入「～と言う」这个语法点时一并讲解的，「～と聞いている」的讲解则出现在《新编日语（重排本）》第2册第4课。

～は（△△に）～と言います
- 日本人は朝、人に会った時に「おはようございます」と言います。

　　这个句型相当于汉语的"某人（对某人）说……"。「は」提示说话的人，「と」提示说的内容。「に」提示说的对象。除「言う」外，常用的动词还有「話す」「聞く」「答える」「考える」等。

第1章 「動詞＋ている」的用法
——「桜の花が落ちている」和「桜の花が落ちた」有什么区别？

> 　　如同课文例句，说话的内容是直接引用时，引用部分要用「　」引起来，引用部分也可以用敬体结句。
> - 牧野さんは「あした早く学校に来てください」と田中さんに言いました。（牧野对田中说："明天请早点来学校。"）
> - 先生は「お名前は何と言いますか」とわたしに聞きました。（老师问我："你叫什么名字？"）
> 　　当然，「～と言う」的内容也可以是间接引用的，这时就无须使用引号，「～と」所表示的内容也要用简体结句。<u>「言う」的主体是第三人称时，除了用过去时结句外，常用「言っています」</u>。
> - 彼女は10時ごろ電話をすると言いました。（她说10点左右打电话。）
> - 李先生はあした学校に来ないと言いました。（李老师说明天不来学校。）
> - <u>鈴木さんはMP3がほしいと言っています。（铃木说他想要个MP3。）</u>[1]

　　画线部分交代了「～と言っている」的使用规则，即在转述第三人称的说话内容时，常常使用这个句型，但书中并没有提及原因。因此学习者难免会有疑问：为什么第三人称与第一人称的表达方式有区别？为什么不能说「鈴木さんはMP3がほしいと言う」呢？「～と言った」与「～と言っている」有着什么样的区别？

> **～と聞いている**
> お国ではおすしなんかは食べないと聞いていますが…。
> 　「～と聞いています」接在简体句后面，表示"听说……"。
> - 中華料理はとても脂っこいと聞いていますが、ほんとうですか。（听说中国菜很油腻，真的吗？）
> - 日本人はお酒が好きで、仕事が終わってからよく一緒にお酒を飲むと聞いています。（听说日本人爱喝酒，工作结束后常在一起喝酒。）
> - 向こうの部屋が空いていると聞いています。（听说对面那间屋子空着。）[2]

　　与上文的「～と言っている」类似，学习者难免会产生困惑：除去现在正在听人叙述某事之外，从某人那里（或其他消息出处）听说某事应该是过去发生的事情。既然如此，为什么不能用「～と聞いた」呢？这两个

---
[1] 周平，陈小芬. 新编日语：第1册[M]. 重排本. 上海：上海外语教育出版社，2016：157.
[2] 周平，陈小芬. 新编日语：第2册[M]. 重排本. 上海：上海外语教育出版社，2017：52.

句型又有什么不同呢？[1]

显然，前面讨论的「～ている」的「記録」和「効力持続」这两种用法可以用来解释这两个句型。「～と言っている」与「～と言う」，这里的「～ている」表示"记录"，「～と言っている」指客观记录某人曾经说过的内容。课本给出的例句「鈴木さんはMP3がほしいと言っています」指说话者在陈述铃木曾经在某个时间点说过自己想要MP3，凸显的是真实性，表明这并不是说话人随口胡诌的。在记录自己曾经说过的话时，可以用过去时的「～と言った」；而在记录他人的话时，为了尽量真实还原对方说过的话，用表示「記録」的「～ている」是比较好的选择。「～と聞いている」句型中的「～ている」表示的是「効力持続」。即直到说话者说话的当下，说话者听来的内容还一直有效。课本中的例句「中華料理はとても脂っこいと聞いていますが、ほんとうですか」则很好地诠释了这一用法。

例（14）和例（15）后半句的意思为：之前中国朋友带我去了一家正宗的中餐馆，（那里的中国菜）味道爽口，很好吃。这意味着说话者之前听说的信息「中華料理はとても脂っこい」真实性已经被推翻，在说话的当下时刻，这个信息对说话者已经不再具有效力。因此，过去时的「～と聞いた」更适合这样的语境。

(14) ?中華料理はとても脂っこいと聞いていますが、この前、中国の友人に本場の中華屋につれてもらって、食べてみたら、味がさっぱりしていて、たいへん美味しかったです。

(15) 中華料理はとても脂っこいと聞きましたが、この前、中国の友人に本場の中華屋につれてもらって、食べてみたら、味がさっぱりしていて、たいへん美味しかったです。

例（16）和例（17）的场景发生了一些变化，说话者在吃到爽口的中国菜后，对之前听到的传闻产生了怀疑，但并没有完全否定其真实性，而是在一定程度上选择了相信传闻，产生了"中国菜是否真的如传闻所说那么油腻，也许自己去的那家只是碰巧口味比较清淡而已"这样的想法。于

---

[1] 笔者翻阅了《新编日语（重排本）》第1册和第2册，发现两册书均未对「～と聞いた」这个句型做过介绍。

是说话者选择了向小李询问真实的情况。此处「～ている」和「～た」都合乎语法，使用「～ている」更能体现说话者相信传闻，而使用「～た」则将这一传闻定格在了过去，使传闻的可信度大大降低。因此，可以认为「効力持続」并不一定只有效力完全发挥一种情形，效力值可以为1，也可以为0.5，甚至更低。只要说话者认为效力还存在，传闻对于自己而言还有可信度，那么「～ている」就适用。

> (16) 中華料理はとても脂っこいと聞いてるんだけど、この前、中国の友人に本場の中華屋につれてもらって、食べてみたら、味がさっぱりしてて、めっちゃ美味かったですよ。李さん、どうですか。中華料理ってやっぱり普通脂っこいですか。もしかして、わたしが行ってた店がたまたま味が薄かったのかな。
>
> (17) 中華料理はとても脂っこいと聞いたんだけど、この前、中国の友人に本場の中華屋につれてもらって、食べてみたら、味がさっぱりしてて、めっちゃ美味かったですよ。李さん、どうですか。中華料理ってやっぱり普通脂っこいですか。もしかして、わたしが行ってた店がたまたま味が薄かったのかな。

◐ 1.4.4 「効力持続」和「記録」用法的习得情况

使用「効力持続」和「記録」这两个用法的场合不多，特别是「効力持続」的使用场合极其有限。但值得注意的是，在进入大三、大四或研究生阶段以后，在论文的先行研究中引用他人观点、转述他人看法时，经常会用到类似「～と述べている」「～と指摘している」「～と主張している」的句型。这几个句型都适用于阐述某学者在某一领域的观点、看法或主张，「～ている」表示的是客观记录，与学术论文等所强调的客观性相契合。

笔者对在学术论文文献综述写作中引用他人观点时使用频率较高的句型进行了简单的总结，并根据这些句型在文章中的功能，对其进行了分类（表1-7）。

表1-7　文献综述写作中引用他人观点时的常用句型

功能	句型
叙述意见、表明立场	「～と述べている」「～と語っている」「～と指摘している」「～と（を）主張している」「～と記述している」「～と（を）提唱している」「～と説明している」「～と解釈している」「～と分析している」「～と判断している」「～という判断を下している」「～としている」「～と（を）示している」「～と明記している」「～と（を）描写している」「～と（を）描いている」
阐述着眼点或焦点	「～に注目している」「～に焦点を当てている」「～にフォーカスしている」「～を取り上げている」
下定义、定位、翻译	「～と定義している」「～と定義づけている」「～と意味づけている」「～と名付けている」「～と呼んでいる」「～と（を）規定している」「～と（を）見なしている」「～と位置づけている」「～と訳している」「～と翻訳している」
总结、归纳	「～とまとめている」「～と結論づけている」「～と（を）明らかにしている」
图示、例示	「～と（を）図示している」「～と（を）表/図で表している」「～と（を）表/図で示している」「～と（を）挙げている」「～と（を）例示している」

　　这一类句子在日常生活中使用频率很低，却经常出现在学术论文写作的文献综述部分。现阶段的日语学术论文写作只提供了如何转述或引用他人的观点，并没有对句尾的时态给出提示或解释。学习者多半只记住了相关表述中的单词、词组，忽视了对时态的学习。这样一来，在实际的学术论文写作中，我们经常发现学习者存在「～と述べた」「～と指摘した」「～と主張した」之类的误用。以下是笔者收集到的几个有代表性的误用实例。

第1章　「動詞＋ている」的用法
——「桜の花が落ちている」和「桜の花が落ちた」有什么区别？

① ＊五味・今村・石黒（2006）では、日中同形二字漢字語の品詞のずれから中国人日本語学習者の誤用例を取り上げながら、両言語漢語の動詞性の違い点をめぐって論じた。例えば、「＊低下になる」「＊夢中する」など、動詞性の有無が判別しにくいにおいて生じた「になる」と「する」の交替問題などが挙げた。社会科学系の専門分野を中心に頻用される二字漢語を正しく使えるようになることは、中国語母語話者に限らず、学術日本語を学ぶ学習者全般にとっては重要なことだと述べた。

② ＊劉家磊（2018）は「日本の外国語教育政策の歴史、現状及び趨勢」の中で、「『英語を使える日本人』の育成のための戦略構想」を対象に21世紀の日本の外国語教育戦略政策を分析した。呉未未、陸薇薇（2015）は「グローバル化を背景とした日本の英語教育政策改革」の中で、「『英語を使える日本人』の育成のための行動計画」の全体目標と改革措置を重点的に分析し、「行動計画」の特徴をまとめた。葉静（2011）は、「日本の英語教育改革とその示唆」の中で、「行動計画」と、それを実施するために日本政府がとった主な改革措置を簡単に紹介し、分析した。

③ ＊中畠・王（2019）では、中国台湾日本語専攻の大学習者が書いた作文を収集し、「刺激」を例として、誤用例を示した。「＊子供ですから、刺激な映画を見ないで。」（中国語では形容詞として用いることに対して日本語では形容詞として使わない）、「＊母の死亡は彼にとって刺激するんだ。」（「刺激」ではなく、「ショック」「ダメージ」使うべき）のような誤用現象を述べた。そして、日中同形語にかかわる誤用を防ぐためには、日中両言語間の文法的な違いに着目するだけでなく、意味的に、漢字語と補い合う関係をもちながら存在する、語種の異なる和語、外来語を含めた類義語を同時に導入することが効果的であるという結論に達した。

④ ＊教師養成は日本語国際普及の必要条件である。80年代以来、日本語は第二言語の教師養成として大学の学歴教育に組み入れられた。学士、修士から博士までの比較的完全な培養システムを確立した。中山（2003）によると、教師派遣は日本語国際普及の主要な形式であり、その機構の種類と派遣方式は多種多様であると説明した。その中には文部科学省の日本語指導員派遣制度と国際交流基金の日本語教育専門家派遣制度が代表的であり、この関派遣制度は、教員の募集資格、業務内容、派遣期間、派遣期間の待遇などについて詳細に規定した。

⑤ ＊高沢・藤本（1994）では、知識人の悲劇的な運命を思考した。社会転換の過程において、知識人は現代文明と伝統文明の衝突に挟まれた。一方、知識人はかつて現代文明に触れたが、伝統文明の環境の中で生活し、同時に、社会階層にも気まずい立場に立っていると<u>主張した</u>。それは知識人に悲劇的な運命をもたらしたと考えられる。彼らの運命を反省し、生路を探求することは、未来の知識人の生存にも積極的な意味を与えることができるという<u>結論を出した</u>。

这些实例都是笔者在修改大四年级学习者的毕业论文时遇到的。无一例外，这几个句子在引用学者意见时都使用了过去式的「～た」形。学习者的误用很好理解：某学者在过去的某个时刻发表了某种观点，理所当然将其视为已经发生的事情，因此使用过去时。在笔者对学习者的后续访谈中，他们也都明确表示："这些观点都是以前提出的，所以用了过去时。""过去发生的事情当然用过去时。""实在想不到为什么要用现在进行时。"还有学习者表示："在看参考文献的时候，好像看到过「～ている」这样的用法，不过并没有在意。"笔者在撰写博士论文的时候，也在先行研究部分犯了大量类似的错误，在将论文交给日语母语者修改后，很多地方被改为了「～ている」形式。可见，即便是高年级日语学习者，仍然会出现这种语法上并无过错，但与日语母语者的使用方式有着明显差别的地方[1]。

在以往有关「～ている」习得的研究中，学术论文引用部分「～た」和「～ている」的混用几乎未受到过关注。笔者认为这主要有两方面的原因：一是在以往研究中，「～ている」表示记录的用法很少被提及。不管是在「～ている」的语法研究中，还是在其相关的习得研究中，这都是一个容易被忽视的语法点。例如，简卉、中村涉（2009）和陈建伟（2014）都根据日语水平对汉语母语学习者进行了分级，观察他们对「～ている」数个用法的掌握情况。这3位学者不约而同地把「記録」用法排除在外，只对白井恭弘（1998）做出的分类进行了考察。结果显示学习者对「～ている」表示动作进行的用法都掌握得很好，而中级水平学习者对「結果の状

---

[1] 在教学中，笔者发现有1名学习者在实际写作时准确使用了相关句型。在后续访谈中，这名学习者表示："看日本的论文里这么写，自己模仿着写的。至于为什么要用「～ている」还真不是很清楚。"从她的回答中不难推测学习者即便使用了这个知识点，也多来自自然习得，实际上没有真正理解并掌握「～ている」表示「記録」的用法。

態」这一用法掌握得明显不如高级水平学习者。另外，陈建伟（2014）还指出，中级水平学习者对「〜ている」的用法基本上已掌握，不会有太大的进步。二是在日常生活中，这个用法实际应用的机会不多，使用的场合极其有限，例如，可能出现在警察摸底调查时回忆现场细节等与普通人生活相距甚远的场合。正因为如此，我们才容易忽视它在学术论文文献综述写作中的使用价值。

综合以上分析来看，这一部分的误用率极高，却未能引起足够的重视。在大学学术论文写作课上，教师可以在教授固定句型、常用表达的时候加入「〜ている」表示「記録」的用法，学习者再通过阅读日语原文学术论文文献综述的方式加深理解，在实际写作时进一步强化认知。

1.5 「〜と考えられる」和「〜と考えられている」的区别

表示「記録」用法的「〜ている」一般用来引述他人意见，而在表达自身意见的时候，学术论文大多会回避主观性语气太强的表达方式。庵功雄（2017）利用日本国立国语研究所开发的论文语料库（尚未公开），对人文社科类学术论文句尾「モダリティ」（情态）的出现次数做了调查，结果如表1-8和图1-5所示。

表1-8 人文社科类学术论文的句尾情态分布

句尾情态	次数/次
と思う系	108
と考える系	137
だろう	212
かもしれない	27
ようだ	22
はずだ	12
その他	11
合计	529

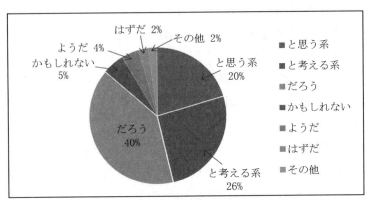

图 1-5　人文社科类学术论文的句尾情态分布比例

从表 1-8 可以看出，使用频率最高的是思考的动词类表达和表示推量的「だろう」，其他几种表达都占比较低。庵功雄（2017）认为这些数据表明在学术论文写作中，用于句尾的情态表达的种类其实非常有限。由于「だろう」的相关研究已经相当多了，这里就不再做出分析，需要特别强调的是「と思う系」和「と考える系」的几种表达。庵功雄（2017）对这些表达做了如下区分。

> 書き手の意見の表す：と思われる、と考える、と考えている、と考えられる、と見られる、と見なされる…
>
> 一般的認識を表す：と思われている、と考えられている、と見られている、と見なされている…

此外，庵功雄（2017）还通过 2 个例子对以上类型的不同之处做了说明。

> (18) a. 日本語は外国人にとって学びにくい言語だと考えられる。
> 　　 b. 日本語は外国人にとって学びにくい言語だと考えられている。［庵功雄，2017（4a、4b）］

例（18a）"日语对外国人来说是一门难学的语言"是作者本人的观点。例（18b）则表示这是大众普遍持有的观点。学习者似乎不太理解这两个句型的区别。例（18b）的「～と考えられている」相对来说比较好懂，这里的「考えられる」可以被视为被动态，「考える」这一动作的实施者则可以想象为学日语的外国人（当然也可以为语言研究者等）。把这个句子的所有成分补充完整后，我们得到了「日本語は外国人にとって学びにくい言語

だと日本に住んでいる外国人（外国語を学んでいる人）に考えられている」这个句子。在汉语中，「～と考えられている」会被说成"一般认为……""普遍认为……"，把主语加上，就变为"一般来说，我们认为……""一般来说，大家都认为……"。在表达相同意思的时候，日语和汉语有着语态上的差别，汉语习惯用主动句，而日语则习惯使用被动句[1]。正因为汉语和日语在句型对应上存在差别，这也就使得学习者，特别是初学者很难习惯日语句型。例（18a）中的「～と考えられる」表示的是个人观点。而在日常的日语教学中，我们更习惯用「～と思う」「～と考える」或者「～と思っている」「～と考えている」来表达个人观点。例（18a）中「考えられる」是「考える」的可能态，这个词汇译为汉语则是"可以认为"。也就是说，我们可以将例（18a）译为"可以认为，日语对外国人来说是一门难学的语言"。这样一来，句子中主观判断的语气被大大削弱，给人营造出一种并非我一个人所思所感，而是无论谁来思考这个问题，都会得出这个结论的感觉。

立教大学教育支援开发中心（立教大学教育開発・支援センター）针对硕士生编写了一本『Master of Writing レポートの作成』。这本书对「～と考える」和「～と考えられる」的区别做出了如下介绍。

「と思う」「と考える」と書きたくなりますがいけませんか。「と考えられる」という言い方もありますが、それは「と考える」とどのように違いますか。
→「と思う」「と考える」は主観的に感じたり思ったりしていることを表す文章表現です。一方、「と考えられる」は、「○○という事実（あるいは真実の情報）に基づいて分析したり考察したりした結果、このように結論できる」というように、「合理的な判断に基づく結論」であることを明示できます。一般的にレポートは調査結果や考察を述べ、それから導き出される結論を述べることが多いので、なるべく「と考えられる」という表現を使ったほうがよいでしょう。ただし、分野によっては主観的な考察を求められるレポート課題が出されることもありますので、課題によって表現を使い分けるようにするとよいでしょう。[2]

---

[1] 当然，也可以把这句话表达为「日本語を勉強している人はみんな、日本語は外国人にとって学びにくい言語だと考えている」。但即使在汉语中，"日语被学日语的外国人认为是一门很难的语言"这样的被动句式也是不够自然的。
[2] 立教大学教育開発・支援センター. Master of Writingレポートの作成［EB/OL］,（2012-06）［2021-04-17］, https：//www.rikkyo.ac.jp/about/activities/fd/cdshe.html.

这段说明有两点值得关注：一是「～と考えられる」表示的是「合理的な判断に基づく結論」（基于合理判断的结论）；二是「～と考えられる」比「～と思う」「～と考える」更适用于学术报告。通过以上分析大概能了解这两个句型各自的由来、语义和使用方法。教师在实际的教学过程中，还需要适当运用例句等来让学习者感受到二者具体的区别。比如，通过下面几个例句感受「～と考えられる」和「～と考えられている」在语境中的意义和区别。例（19）列出了与「～と考えられる」相关的3个例子。

(19) a. 皆様、コロナウイルスが猛威を振るう中、自宅にいる時間が増えているかと思います。今後も外出自粛が継続すると予測されることから、運動量の低下から引き起こる生活習慣病リスクの増大、運動機能の低下による高齢者の転倒などの問題が顕在化される<u>と考えられます</u>。目に見えない敵ということで、恐怖心から外に一歩も出ていないというお話も伺いますが、まずは、様々な情報に惑わされず落ち着いて行動することが必要かと思います。現時点の情報によると新型コロナウイルスの感染経路は、「空気感染」ではなく「飛沫感染」や「接触感染」と考えれていますから、これは、「飛沫感染」「接触感染」に十分注意を払えば、外に出るだけで何でもかんでも感染するわけではないと捉えることができます。

b. 摂食障害は、思春期から青年期の若い女性に最も多く生じる疾患であるが、その発症要因については諸説あり、生物学的要因（吉松・坂田，2000）、心理学的要因（馬場，2000）、文化社会的要因（横山，2000）などの複雑な因子が絡み合って生じるものである。すべての摂食障害患者に見られる唯一の症状は存在しないが、大部分の摂食障害患者に共通する心理面の特徴として、やせ願望・肥満恐怖、ボディイメージの障害、体重と体型に対する過大評価、自尊感情の低下、強迫性、抑うつ、不安などがある。したがって、まずこれらの心理面の特徴を正

第1章 「動詞＋ている」的用法
——「桜の花が落ちている」和「桜の花が落ちた」有什么区别?

　　確に把握することが、今後の摂食障害患者に対する適切な心理的支援の方法を考える上で重要になる<u>と考えられる</u>。
c. 足元、株式市場は不安定な動きを見せており、一日で大きく上げたり下げたりといった状況が続いています。例えば、2018年10月は1ヵ月間で日経平均株価は9％も下落しました。このような時は焦って日本株式を売却する動きが見られます。しかし、各年の年初来の最大下落率と年間リターンを比較すると、概ね年間リターンが大きく上回りました。つまり、各年での投資を考えた場合は下がった時に焦って売却するより、そのまま年末まで持ち続けた方がよかったということが分かります。このことからも、短期的な動きに一喜一憂せず、投資を続けることが重要だ<u>と考えられます</u>。市場が混乱している時こそ、落ち着いて対処するようにしましょう。

　　具体来看，例（19a）说的是在家待太久，运动量减少，可能会带来一系列的健康风险。例（19b）表达的是应该从心理方面把握进食障碍患者的特征，从而在心理上给予他们一定的支持。例（19c）表达的观点是股票市场虽然波动巨大，但不受短期变动的影响，继续坚持投资这件事很重要。如果把这3个句子中的「～と考えられる」换为「～と考える」，则显得前面的观点过于主观，完全是说话人自己的判断。而根据前后文来看，例（19a）是针对所有因为新冠疫情而减少外出活动的人群说的，例（19b）的受众是进行进食障碍相关研究的研究者或医护人员，例（19c）中的说话者面对的则是广大股民。因此，在面向不特定人群进行知识的普及或观点的阐述时，为了凸显科学性、客观性，用「～と考えられる」显得更具说服力。另外，例（19b）和例（19c）还有一个共性，那就是句子的深层含义，如例（19b）的言外之意是希望读者尽量多关注患者的心理状态，例（19c）也暗含了希望读者不要轻易抛售股票或动摇持有股票的信心。因此，从客观性来说，这样的表达后面一般不太会出现类似「『見られる』の使用を控えたほうがいい」或者「自分の持っている株を簡単に売ったりしないでほし

い」这种主观性很强的直接表达建议的句子。而这里的"客观"一是指叙述语气，二是指主观观点的客观化，即在科普性强的学术论文中，通过使用「〜と考えられる」，可以让自己阐述观点的口吻变得客观、正式。除此之外，想要委婉表达自身的建议时，「〜と考えられる」也能派上用场[1]。

例（20）是使用「〜と考えられている」句型的3个句子。例（20a）和例（20b）都介绍了7在西洋文化中被视为幸运数字的背景知识。例（20a）说的是《圣经》里第7天被定为休息日，因此7被认为是神圣的数字。例（20b）说的是棒球比赛中第7个球容易得分，因此7代表着好运。从这两个句子的语境来看，7代表着神圣和幸运不是现在才有的观念，而是很久以前就有的观念，因此，使用「〜と考えられている」更符合整段话的逻辑构建。例（20c）的两个「〜と考えられている」前接内容均为癌症病因和数据的科普，这也属于医学常识，并非作者的主观看法。

> (20) a. 西洋において、数字の「7」が特殊な意味合いを有しているのは、旧約聖書の「創世記」に、「神が天と地と万象とを6日間で創造し、7日目を安息日（休息日）とした。」と記されていることに基づいている。これにより、数字の「7」は聖なる数であると考えられている。
> b. 現在ラッキー7の用語は様々な場面で用いられるが、一般的には、英語の「lucky seventh」に由来しており、野球の7回の攻撃を意味している。1885年9月30日のシカゴ・ホワイトストッキングス（現シカゴ・カブス）の優勝がかかった試合の7回に、ホワイトストッキングスの選手が打ち上げた平凡なフライが強風に吹かれてホームランとなり、これが決め手となって、ホワイトストッキングスは優勝を決めた。勝利投手となったジョン・クラーソンがこの出来事のことを「lucky seventh」と語ったことから、これが「ラッキーセブン」の一般的な用法の語源であると言われている。7回になると先発投手も

---

[1] 当然，在「すでに入会なさった方はもちろん、少しでも興味を持ち、もうちょっと様子を見ておこうと考えられている方もぜひとも今回のイベントにご参加ください」这样的句子中，「と考えられている」则不是客观表述自身观点，而是「考える」的敬语，在此做出区别。

疲れが出て、打者も投球に慣れてくる。さらには、投手交替についても、抑えの投手が登板する8回から9回に比べて実力の落ちるリリーフ投手が登板することが多い。従って、7回は得点のチャンスが生まれやすいと考えられている。

c. がんは、さまざまな要因によって発症していると考えられており、その中には予防できるものも多く含まれています。日本人では、男性のがんの53.3％、女性のがんの27.8％は、ここにあげた生活習慣や感染が原因でがんとなったと考えられています。そのうち、大きな原因は、喫煙（男：約29.7％；女：約5.0％）と感染（男：約22.8％；女：約17.5％）で、その他のものは比較的小さいと報告されています。

与「～と考えられる」和「～と考えられている」这组句型类似的还有「～と思われる」和「～と思われている」。两组句型的区别在于「思う」与「考える」的语义，这一点已经在上一章进行了说明。下面通过「～と思われる」和「～と思われている」的几个句子来观察这组句型与上一组句型在语义和用法上的区别。

(21) a. 数字の「7」と聞くと、多くの人は「ラッキー7」ということで、良い印象を持たれるのではないか①と思われる。そのため、数字の人気度ランキング調査でもほぼトップにランクされるようである。数字の「7」は、一般的にはプラスのイメージで使用されるケースが多いもの②と思われるが、それ以外にもいろいろな場面で使用されている。

b. グリム童話の「狼と七匹の子山羊」「白雪姫」に出てくるのは「7人の小人」と「7」の数字が使われている。その明確な理由は明らかではないようだが、やはり「7」が西洋においては特別な数字だと見られていたことと関係しているのではないかと思われる。

> c. 今回は数字の「7」について、日常生活での幅広い使われ方とその理由等について、報告してきた。「7」という数字はラッキー7のイメージが強く、一般的には良いイメージで使われている①と思われるが、実際にそれがどのような意味を有しているのか、あらためて考えてみると、なかなか面白い発見があったのではないか②と思われる。

首先，从形态上来说，这里的「思われる」是「思う」的自发态[1]。林泽清（1997）指出这类自发态具有排除当事人的主观意志、突出事态客观因素的特点，故可以用来含蓄委婉地表达当事人对事物的见解和看法，可以避免给人留下武断、主观的印象。这类「～と思われる」常见于日本的新闻报道中，可译作"看来，似乎，好像"等。另外，从这3个句子也可以看出，「～と思われる」与「～ではないか」这一表达连用的概率很高，语气更委婉。从内容上来说，例（21a）中第一个「～と思われる」说的是很多人对数字7持有很好的印象，第二个「～と思われる」说的是7一般用于正式场合。例（21b）说的是西洋文化将7视为一个特别的数字。例（21c）句中①说的是7被视为幸运数字，因此经常用于正式场合，②说的是这种想法很有趣。不难看出，这些均为未经核实的感性内容，与前面「～と考えられる」部分举出的例子相比，科学性降低，更偏向于作者本人的主观想法。不用「～と思っている」的原因，笔者认为从前半部分的表达可观察到。虽说这些想法都是说话者的推断，但归根结底，说话者还是想"推广"自己的观点，因此，通过运用「多くの人」「一般的に」等来证明自身想法"跟大多数人一样""一般来看都这么想"。于是这些没有经过数据验证、模糊且主观的观点都变得客观起来。下面例（22）中的「～と思われる」表示的是被动态，指的是希望自己"被同事、上司认为想要一起共事"[2]，需要我们引起注意，做出区分。

---

[1] 林泽清（1997）还将自发态分为"触景生情型"（如「この歌を聞いたら、小学生時代のことがなつかしく思えてきた。」）、"自然流露型"（如「先生には不勉強の生徒の将来が案じられる」）、"身不由己型"（如「忘れようと思っても、彼女のことばかり考えられてならなかった」）。本节中提到的用法被称为"含蓄委婉型"。

[2] 此处为直译，在汉语中这里更倾向于使用主动句，译为"希望同事和上司都愿意和自己共事"更为自然。当然，译成"工作被同事和上司认可"也是可行的。

（22）最近、「共に働きたいと思う同僚や上司がいない」といった悩みを友人から相談される機会がありました。私は、基本的には他者を変えることは不可能だと考えています。だとすれば、「共に働きたいと思う同僚や上司がいない」という考え方を180度転換して、「同僚や上司から共に働きたい<u>と思われる</u>」にはどうすればいいかを考えてみてはどうか、とアドバイスしました。

在例（23）"～と思われている"的3个例句中，有了"～と思われている"之后，"～と"前面引用的内容则立刻变身为大众认知，即不再是说话者的主观论述，而是长期以来社会普遍存在的观点或看法。例如，例（23a）说的是"约翰""史密斯"在英语国家是常见的名字，例（23b）是作者想表达现代社会儿童与自然隔绝这一观点，例（23c）说的是去年业绩不理想，一直被认为是由原油价格上涨所导致。这3个观点都并非作者当下做出的判断，而是长久以来形成的社会共识。

（23） a. ジョン・スミスは人名のひとつ。John Smith 一般的な綴り。英語圏においては「ジョン」「スミス」共にありふれた名前である<u>と思われている</u>ため、日本語での山田太郎やドイツ語でのハンス・シュミットのように、一般的な男性の人名として認識されている。
  b. この話は現代の子供たちが、自然というものからどんなに断絶した生活を営んでいるかということを象徴的に示している<u>と思われている</u>が、実は作者が書いたとき、そこまで深く考えておらず、自分の見聞を織り込んで、童話の形に仕上げただけだそうだ。
  c. 去年までの営業成績は残念ながら目標に未達でしたが、それは原油価格の高騰により、お客さまの業績が悪化した影響が大きい<u>と思われていました</u>。しかし、大手コンサルタントに徹底調査を依頼し、行き届かなかった点を調べてもらった結果、効率の悪さが一番の理由だとわかった。

除此之外，还需要注意的是「～とされる」和「～とされている」这两个句型中的「される」和「されている」，它们都是「する」的被动态，且都表示公众看法或大众意见。这些表达没有用心理方面的动词，因此不再带有"被普遍认为"的意思，在语义上更为确凿，语气也更加坚定，多指社会约定俗成的准则、规范等〔1〕。

(24) a. この「7」を聖なる数とする考え方が、キリスト教にも引き継がれて、西洋一般に拡がっていった<u>とされている</u>。また、これにより「1 週間を7 日」とする習慣が定着していったとも言われているが、これには別の説もあるようなので、この点については別途の研究員の眼で報告することにして、今回は深くは触れない。なお、数字の「7」は、同様な由来から、「完全」又は「全て」を意味する<u>とされている</u>。この意味で使用されている用語はいくつかあるが、キリスト教に関連するものとしては、例えば以下の「七つの大罪」や「七元徳」が挙げられる。

b. 日本では虹の色は7 色<u>とされている</u>が、虹の色の数については、文化や言語の影響もあり、色の区切りや見える色を何色とするかで、国や地域で異なっている。例えば、米国では虹は6 色、ドイツでは5 色<u>とされている</u>。この7 色についても、「多く」あるいは「多様な」という意味合いが含まれているようである。

二者的区别可以通过例（25）的几个句子归纳出。从例（25a）不难看出，「～とされている」指的是一直以来的规定，而「～とされる」指的是当日的规定。例（25b）的「～とされた」指的是过去曾持有的观点，例（25c）的「～とされる」可以替换为「～とされている」，从句子整体来说，意思并没有太大的差别，只是使用了「～とされる」后，前面的内容被视为当时或当下的某种社会看法或规定，不强调其时间跨度。

〔1〕同样需要注意的是「とされる/とされている」也有可能为敬语用法，如日本厚生劳动省的主页上就有「医薬品を海外から購入しようとされる方へ」，这里的「される」就是「する」的敬语。

(25) a. いつもの仕事は五時で終了<u>とされている</u>が、今日の仕事は六時で終了<u>とされる</u>そうだ。
b. 1920年代半ばには、「国体」に対する批判は重大犯罪のひとつ<u>とされた</u>。
c. アメリカは新型コロナ対策で失敗している<u>とされる</u>が、オピオイド依存性によってもっと多くの生命が失われていた。

1.6 小 结

本章对「～ている」的几种用法做了介绍和调查，主要分析了教科书未提及的几种用法和学习者的习得情况。从教科书上的讲解来看，在我国高校日语专业这个句型的导入时间很早，在初级阶段学习者就已有接触。但是，调查显示在实际应用中学习者对相关用法的认知和习得情况并不理想。主要体现在以下3个方面。

（1）从产出情况来看，学生对「结果残存」和「效力持续」这两种用法掌握得不够理想。目前的教科书对「～ている」的这两种用法很少做出令人信服、清晰易懂的解释和说明。

（2）笔者在用日语撰写学术论文的先行研究时发现，学习者经常使用表示「记录」的「～ている」来交代学者的观点。与之相关的句型非常多，如「～と指摘している」「～と分類している」等。现有教科书极少关注或是干脆忽略了「记录」的用法。从学习者的习得情况来看，从理解到产出都有很大的欠缺，中国的日语学习者受汉语的影响，习惯性地将其标示成「～た」形。由于这是一个学习者误用率极高的语法点，教师在教学过程中须讲解清楚相关的语法知识。

（3）在学术论文写作等正式场合中，同样还需要注意表达自身观点时常用「～と考えられる」「～と思われる」等句型，一是为了缓和语气，二是为了凸显客观性。需要与它们进行区别的是「～と考えられている」和「～と思われている」，后两个句型表示社会普遍的看法或观点。从用法上来说，这几个句型不难理解，但对于学习者而言，未经讲解，这些仍然属于较难习得的知识点。

第 2 章
主观意志表达

——为什么不能把"他想去美国"说成
「＊彼はアメリカへ行きたいと思う」？

「思う」和「考える」表示"想""判断""认为"等意思，两个单词具有共性，在某些场合下可以互换，但同时二者也存在无法替换、只能单独使用的场合。这两个单词及相关句型的使用频率非常高，是学习者从初级阶段开始就需要掌握的。作为教学工作者，我们发现其误用层出不穷，从原生词「思う」「考える」到这两个词的最基本句型「～と思う」「～と考える」，以及由它们的动词变形衍生出的句型「～と思っている」「～と考えている」「動詞意向形＋と思っている」「動詞意向形＋と考えている」「～と思われる」「～と考えられる」「～と思われている」「～と考えられている」等。这些句型乍一看没有太大的差别，表示的都是说话者对某人、某物或某事的主张、判断，但其用法有着微妙的区别，是学习者误用率较高的知识点。

在目前的日语教材中，初级阶段首先导入的知识点是表达主观想法的「～と思う」和「～と考える」。同时，「思う」和「考える」也作为认知类动词而被单独提及，如「よく考えてください」「嬉しく思います」等用法就同步出现在了教科书上。但就先后顺序而言，单词的导入均出现在句型之后。其次导入的是表达自身意志、打算、期盼的「～意向形＋と思っている」「～意向形＋と考えている」。最后才是表述客观认知或理念的「～と思われる」「～と考えられる」「～と思われている」「～と考えられている」。现行教材中有概念解释不充分、相关区别未被提及等情况，如「～と思う」与「～と思っている」的用法都未得到合理的解释和说明。另外，

第2章 主观意志表达
——为什么不能把"他想去美国"说成「＊彼はアメリカへ行きたいと思う」?

在教学过程中，二者所占的比重也有区别：「思う」和「～と思う」都作为重要句型被详细介绍，练习量也较多。相近句型的「～と考える」却没有任何介绍，学习者只能完全依赖自然习得。这两个动词和相关句型之间的区别、在语法中被反复提到的人称限制问题，均未能在教科书上得到讲解。总的来说，初级日语习得过程中，学习者容易产生的一些疑问仍然未能得到解决。本章将根据学习者的习得顺序，从学习者的误用案例出发，依次说明这两个动词和相关句型的用法区别与容易出现误用的地方。

2.1 「～と思う」和「～と考える」的区别

众所周知，「～と思う」和「～と考える」都表示的是说话者的想法、认知或判断。在教授这两个句型时，日语教师经常会被学习者问到二者的区别。在语言学研究中，这两个句型的用法和区别也是研究热点。以往有学者将这两个动词用法的不同之处简单地归结为「～と思う」表示感性思考，「～と考える」表示理性思考。而在实际使用中，这两个句型的区别不单单如此。

(1) 働く人々はどのような瞬間に「仕事が楽しい」と思うのだろうか。ビズヒッツ（三重県鈴鹿市）が働く男女500人を対象に行った調査で明らかになった。まず「仕事が楽しいか」を尋ねたところ「とても楽しい」（9.8％）「どちらかといえば楽しい」（51.4％）が合わせて61.2％という結果に。6割以上の人は「仕事が楽しい」と感じていることが分かった。「今の仕事はあなたがやりたかった仕事ですか」との質問には53％が「はい」と回答。また、やりたかった仕事をしている人は、そうでない人に比べて「仕事が楽しい」と思う割合が2倍にのぼった。

(2) 番組で堀江氏は「病院経営者の知り合いに聞くと、いま病院の経営がめちゃくちゃヤバいことになっている。みんなに『病院に行くのは危ない』と思われていて、風邪を引いたと

か、そういう急を要さない疾患では通院しなくなっているから。そして、お金はもらえるけどコロナ専用病院にするような危険は冒したくない。そして、医療従事者の中には働きたいと思っている人もいるかもしれないけれど、そこはやっぱり一枚岩ではないと思う。公共交通機関を使って通勤しようとすると嫌がられたり、子どもが差別を受けたりする。僕だって、家族に『もっと安全なところで働いてよ』と言われたら『すいません、僕は無理です』と言っちゃうと思う。だから医療崩壊の原因で一番大きいのは、差別の問題だと思う」と指摘。

(3) 誰かのために何かすることを「時間のロス」だと考える人と、「その人が困っているなら当然のことだ」と考える人がいます。どちらがお得かと言えば、だんぜん後者がお得なのだとか。親切で正直な生き方を"損するだけ"と揶揄されモヤモヤしていませんか？たとえあなたが無欲でも、損が嫌いで非協力的な人を説破する際に役立つはずです。「誰かのために」で「自分が大儲け」の脳科学的・心理学的理由を説明しましょう。

(4) 太郎は、牛の舌を三百グラム買った。一切れの厚さを、七ミリにしようか、一センチにしようかと考えた挙句、七ミリに切ってもらうように頼んだ。

　　从例（1）的第一句「働く人々はどのような瞬間に『仕事が楽しい』と思うのだろうか」可以看出，这里的「～と思う」指的是人在某一瞬间的想法或念头，即当下的感受。而在例（2）中，说话者在前文中做了大段的分析、考证，最后终于得出了「だから医療崩壊の原因で一番大きいのは、差別の問題だと思う」这一结论。因此，此处的「～と思う」表达的并非作者当下感性的判断，而是经过理性思考、反复推敲后的推测。也就是说，「～と思う」并非只能表示感性的、主观的想法，还能表示说话者的理性思考。例（3）和例（4）中，「考える」这个词本身的意思就是"思考，考虑"。因此，「～と考える」前出现的内容一般为说话者深思熟虑后

得出的结论。在例（3）中，「誰かのために何かすることを『時間のロス』だと考える人と、『その人が困っているなら当然のことだ』と考える人がいます」这句话里的两个「～と考える」前引用的都是人们固有的想法，或认为帮助他人有时间上的损失，或认为帮助他人是必须做的事情。两种想法都是人们在日常生活中秉承的价值观。而例（4）里，说话者"太郎"在牛舌的厚度之间犹豫不决，经过了再三比较，最后终于打定主意买下了7厘米厚的牛舌。此处「～と考える」表示的是说话者在反复思考后做出的判断。因此，笔者认为将「～と思う」和「～と考える」区别于感性思维或理性思维这一判断未免太过以偏概全，不够全面、科学。二者之间的区别要从学习者的误用开始，弄清学习者究竟容易在哪一部分犯错，这样更便于我们教师对症下药。

在对这两个句型的使用上，学习者特别是处于初级阶段的日语学习者容易犯以下两个错误：一是不知道日语中有关心理活动的表达均只能用于第一人称；二是没弄清「思う」和「考える」的语义区别，因此会混淆这两个动词的用法。

2.2 人称限制

虽然「～と思う」和「～と考える」都表示内心看法，但由于教科书把讲解的重点放在「～と思う」上，因此先来讨论「～と思う」的用法。以下是几个学习者的错误表达。这些例子分别来源于笔者所执教的大学日语专业大二年级学习者的课前演讲和命题作文。学习者均已学过大一的课程，基本学习完了初级语法。

> ① 午前の授業が終わって、いつもルームメートと一緒に食堂に行って、昼ごはんを食べます。しかし、そのときはいつも人がとても多いです。食堂はいつも込んでいます。先週の火曜日の午前は授業がないから、わざわざ11時50分に食堂に行きました。やはり人が多いですが、普段より少なかったです。私はご飯を買って、席でルームメートを待っています。しかし、一人の男の子は私に、その席は人がいますと言いました。そして、私は隣の席に行きました。しかし、その男の子はまたその席も人がいます。そこの4つの席は全部友達の席と言いました。私はちょっと怒りました。＊その人はほかの席に行きたくな

いと思います。でも、私も行きたくないと思って。そのあと、ルームメートが来て、どうしましたかを聞きました。その人は私たちを見ない。ずっとケイタイを見ていました。そして、私たちは1階に行きました。とても小さいことですが、その人はとても失礼だと思います。

② 私は高校のとき、文房具が大好きで、たくさんの文房具を買いました。先週、私は家に帰って、自分の部屋を掃除しました。そして、引き出しに高校のときに買った文房具があります。万年筆を見て、高校のときのことを思い出しました。そのとき、授業が終わって、いつも友達とたくさんの店に行って、万年筆を買いました。今、友達はみんな大学で勉強して、連絡も少ないです。そして、友達にメッセージを送って、一緒に万年筆を買いに行きますかを聞きました。友達は彼氏がいます。ですから、行く時間がないと言いました。＊友達はたぶん彼氏が怒ると思います。私はちょっと悲しかったです。友達も趣味も続けるのはとてもとても難しいことです。

③ 今年はコロナが流行していますから、どこにも行かないでください。先学期、学校の先生は毎日QQのグループで言いました。もちろん、そのとき、私は家にいました。買い物も散歩も外に出かけてはいけません。私はそれは私の自由を邪魔していると思います。ですから、毎日散歩に出かけました。それをQQで友達に話しました。「あなたはとても責任がない人です」と友達が話しました。日本人は人に迷惑をかけないのが社会のルールです。私は友達に迷惑をかけませんのに、責任がないと言われました。でも、私は変わりませんでした。＊他の人は間違ったと思います。でも、私は自分は正しいを思っていますから、変えたくないです。

以上3个句子中画线部分都说的是自身或他人的想法、看法。画线部分的句子均为语法有误的句子，但如果将这几个句子替换成汉语，则分别为"那个人也不想换到其他的座位上去""朋友觉得男朋友也许会生气""别的人都认为（我）是错的"。为什么这样的说法到了日语中就行不通了呢？究其原因，是因为「～と思う」和「～と考える」都有一定的人称限制。寺村秀夫（1982）认为表示思维、情感的动词受人称限制，只能用来表示第一人称的内心想法。如例（5）和例（6）的4个句子中，「思う」和「困る」形容的都是内心感受，例（5a）和例（6a）中感受的主体是说话者本人，因此句子语法成立。而例（5b）和例（6b）形容的都是「彼」和「彼女」的想法，二者均为第三人称，因此这两个句子是不成立的。

> (5) a. オーストラリアは暮らしやすい所だと思う。
> b. ＊彼はオーストラリアは暮らしやすい所だと思う。
> (6) a. 子供がちっとも言うことを聞いてくれないので困る。
> b. ＊彼女は子供がちっとも言うことを聞いてくれないので困る。（寺村秀夫，1982）

究其根本原因，益冈隆志（1997）认为这些看法都属于其本人的「私的領域」，能知晓这些的只能是本人，因此，如果想要表达他人的心理，只能在句尾加上「ようだ」「そうだ」「らしい」等助动词，不能直接代替他人说出其内心想法。同时，寺村秀夫（1982）也指出，如果要将这些句子合理化，就必须改变其语态，如将「思う」改为「思っている」，「困る」改为「困っている」即可。

> (7) a. 彼はオーストラリアは暮らしやすい所だと思っている。
> b. 彼女は子供がちっとも言うことを聞いてくれないので困っている。

要纠正前文列出的3个错误用法，只需要把「思う」改为「思っている」。当然，像在例（4）中，跟说话者打交道的是素不相识的人，即使用「～と思っている」也显得有些突兀。因此，再在后面加上「かもしれない」「らしい」「ようだ」「だろう」等表达，突出"猜测""揣测"的语气，句子显得更为通顺，对话更为合理。

2.2.1 教科书讲解

不管哪一本教科书，都在初级阶段就导入了「～と思う」，可以说它是初级语法中最基本、最重要且最常见的句型之一，但教科书对「～と思う」的讲解有一定的欠缺，例如，《大家的日语》在导入这个语法时未做过多的解释，仅提到其基本含义"内心的想法或意见"。这样一来，母语为汉语的学习者则难免会受汉语思维的影响，说出「＊彼はアメリカへ行きたいと思う」（"他想去美国"）这样的句子。《新编日语（重排本）》第1册上对「～と思う」的解释，是市面上所售教材中比较全面、比较科学的，不仅总结了基本的使用方法，还对其人称使用限制做了一定的介绍，如下所示。

> 〜と思います
>
> - 六時に出発すれば間に合うと思います。
>
>   这个句型表示讲话人的主观判断或个人意见，相当于汉语"我以为……""我认为……""我想……"。「と」前面要求用简体句。由于句末为「と思います」的句子主体经常是说话者本人，因此主体往往省略。「と思いますか」用于询问听者的个人判断或意见。句末为「と思いました」「と思っています」时，主体可以是说话人，也可以是第三者。另外，「と思っています」带有从过去至现在一直是这么认为的语气。
>
> - お歳暮の贈り物に一番人気があるのは商品券だと思います。（我以为年末礼品中最受欢迎的是商品券。）
> - 最初はお父さんが日本人だと思いました。（最初以为你的父亲是个日本人。）
> - 田中さんは今日はいい天気だと思いました。（田中以为今天是个好天。）[1]

按道理来讲，只要学习者按照上述说明来使用「〜と思う」，就可以基本掌握其用法，出错概率也能在一定程度上得到降低。但这个解释只说明了规则，学习者在读到这段话的时候难免会产生疑问：为什么第三者为说话主体时句末需要变为「と思いました」或「と思っています」？第二人称为主体时又该如何表达？特别是第3个例句，非常让人摸不着头脑。在「田中さんは今日はいい天気だと思いました」这个句子中，将时态调整为了过去时，但学习者难免会有疑问：如果想表达田中当下的感受，该使用什么样的句型呢？这个句子与「＊田中さんは今日はいい天気だと思う」又有什么区别呢？此外，第1个例句的汉语翻译均带有歧义。"以为"在汉语中带有"本以为如此，但事实不是这样"的意味，也就是说，"我以为年末礼品中最受欢迎的是商品券"背后隐藏的含义是"我本以为年末礼品中最受欢迎的是商品券，但没想到不是这样"。因此，应该将第1句中的"我以为"修改为"我认为"。

因此，在导入「〜と思う」这个语法时，笔者认为教师有必要对其人称使用限制的原因做出一定的说明，明确指出日语与汉语的不同之处。在汉语中，说话人可以直接表述他人内心的想法或感受，如"他想去美国""他觉得天气不错"。但在日语中，说话人不能直接代替他人说出其内心的

---

[1] 周平，陈小芬. 新编日语：第1册[M]. 重排本. 上海：上海外语教育出版社，2016：196.

想法或感受，需要通过转述方式来委婉表达，这就是「～と思う」的主语只能是第一人称的原因。这样有助于学习者的理解，有助于学习者今后更好掌握日语情感、心理状态相关表达的人称使用范围〔如情感形容词、情感动词（「私は楽しい」与「＊彼は楽しい」）只能用来形容第一人称的内心活动〕。

几乎所有的教科书都没有把「～と考える」的用法作为单独的语法点列出。以《新编日语（重排本）》为例，来看现行教材是如何导入单词「考える」和其相关句型「～と考える」的。在《新编日语（重排本）》第1册第10课中，首先在单词表中列出了「考える」这个单词，给出的解释为"考虑；思维"，并指出其为"他一"，即"他动词、一段动词"。在实际应用上，「考える」最初是以「よく考える」（好好思考，认真思考）的词组形式出现在了课本上，下面是其出现时的课文节选。

学生：聴解試験の時はメモを取ってもいいですか。

先生：はい、メモを取ってもいいですが、規定の時間は長くないですから、<u>よく考えながら聞いてください</u>。

学生：書き間違ったところは書き直してもいいですか。

先生：はい、書き直してもいいです。しかし、書き直す時には、前の答えを消しゴムできれいに消してください。[1]

第11课中出现了其相关句型，是在导入动词意向形「～う（よう）」时，伴随着表示个人意志的「～う（よう）と考えています」这个句型而出现的，如下所示。

～う（よう）と思います　表示意志

- 中国語を身につけようと思っています。
- 将来、日本へ行って経済を研究しようと考えています。

「～う（よう）と思います（と思っています）」用于向别人表示自己做某事的意志。「～う（よう）と思います」表示讲话时的心理状态，一般用于第一人称，其问句可用于第二人称。「～う（よう）と思っています」表示一段时间的心理状态（含讲话时），可用于第一、第三人称，问句可用于第二人称。「～う（よう）と思っています」可换成「～う（よう）と考えています」。

---

[1] 周平，陈小芬. 新编日语：第1册［M］. 重排本. 上海：上海外语教育出版社，2016：131.

- あした、**朝**が早いから**今日**は早く**寝**ようと**思います**。（明天早晨很早就要起床，因此我想今天早点睡。）
- あなたは大学に入ろうと思いますか。（你想上大学吗？）
- 父はいい家を買おうと思っていろいろ見て歩きました。（父亲想买处好房子，看了不少地方。）
- 将来、教師になろうと考えています。（我一直想在将来当个教师。）[1]

不难发现，表示意志的「～う（よう）と思います」比表示个人看法、判断的「～と思います」出现得更早。暂且不谈论其习得难度，这段解释并没有给出「～う（よう）と思っています」与「～う（よう）と考えています」的语义差别，也没有提到「～と考えます」这个基本句型。之后，「～う（よう）と考えています」再次出现在了第12课，如下所示。

田：すみません、アルバイト募集の広告をちょっと見せてください。
職員：はい、どうぞ見てください。田さんはどんな仕事をしたいのですか。
田：日本語を使う仕事をしたいと思います。
職員：日本語を使う仕事は翻訳とか、通訳とか、日本語教師とか、いろいろあります。最近通訳をやりたい人が多いですが、あなたはどうですか。
田：わたしは日本語を教える仕事をしたいのです。通訳をやりたくありません。
職員：どうしてですか。
田：わたしは将来、日本語教師になろうと考えていますから、今、少し体験したいと思います。[2]

而在第12课导入「～と言う」的时候，教材又略微涉及了「～と考える」的用法，如下所示。

～は（△△に）～と言います
- 日本人は朝、人に会った時に「おはようございます」と言います。

  这个句型相当于汉语的"某人（对某人）说……"。「は」提示说话的人，「と」提示说的内容。「に」提示说的对象。除「言う」外，常用的动词还有「話す」「聞く」「答える」「考える」等。

---

[1] 周平，陈小芬. 新编日语：第1册 [M]. 重排本. 上海：上海外语教育出版社，2016：145.
[2] 周平，陈小芬. 新编日语：第1册 [M]. 重排本. 上海：上海外语教育出版社，2016：166.

——为什么不能把"他想去美国"说成「＊彼はアメリカへ行きたいと思う」？

> - 牧野さんは「あした早く学校に来てください」と田中さんに言いました。（牧野对田中说："明天请早点来学校。"）
> - 先生は「お名前は何と言いますか」とわたしに聞きました。（老师问我："你的名字叫什么？"）
> - 彼女は10時ごろ電話をすると言いました。（她说10点左右打电话。）
> - 李先生はあした学校に来ないと言いました。（李老师说明天不来学校。）
> - 鈴木さんはMP3がほしいと言っています。（铃木说他想要个MP3。）[1]

这里并没有给出「～と考える」的相关例句，学习者在学习这个语法时，关注点往往会集中在「～と言う」上。由于语义的相似性，学习者看到「～と話す」应该也能较快反应过来，但「考える」并不表示语言产出，「と」前面引用的是说话者内心的想法。如果教师在讲解这个语法点时没有讲到「～と考える」，学习者能否积极主动地去思考与「～と考える」相关的知识，是一个值得思考的问题。在这样的情况下，要求学习者认识到其人称使用的局限性，基本上没有可能性[2]。

综上所述，现有教科书对「～と思う」表示主观意志、判断的用法都做了基本的介绍，但关于人称使用限制的说明一笔带过。在笔者看来，这些知识都不是难以理解、枯燥艰涩的内容。在较早阶段告诉学习者汉日语言习惯的不同，对学习者以后的学习有很大的帮助。因此，笔者主张教师除了要对「～と考える」进行补充说明之外，还应对其人称使用受限的原因进行简要说明。

此外，关于这几个句型的导入顺序，笔者觉得也需要调整。现在的导入顺序如表2-1所示，最先导入的是「考える」这个单词（出现在第10课），紧接着在第11课重点介绍了「動詞意向形＋と思っている」这一句型，同时提及了「動詞意向形＋と考えている」，在第12课中又提到了「～と考える」，最后在第14课中引入了「～と思う」。

---

[1] 周平，陈小芬. 新编日语：第1册[M]. 重排本. 上海：上海外语教育出版社，2016：157.
[2] 笔者同时查阅了《大家的日语》教科书，发现只有对「～と思う」句型的介绍。该教科书另外给出了「よく考える」这个词组，但未对「～と考える」句型做出讲解，在人称使用限制上也未做任何解释。相对于《新编日语（重排本）》来说，其说明较为简单。

表 2-1 「思う」和「考える」在《新编日语（重排本）》第 1 册中的导入顺序

单词	句型	课
思う	「動詞意向形＋と思っている」	第 11 课
	「～と思う」	第 14 课
考える	「よく考える」	第 10 课
	「動詞意向形＋と考えている」 （与「～う/ようと思っている」一同被提及）	第 11 课
	「～と考える」 （与「～と言う」一同被提及，无例句）	第 12 课

从习得难度来讲，「～と思う」应该要比「動詞意向形＋と思っている」稍微简单一些，而教材对「動詞意向形＋と考えている」和「～と考える」均没有做出具体说明。从语义来说，与「～と言う」相比，「～と考える」与「～と思う」语义相近，放在一起学习更合理。因此，笔者认为应先导入「～と思う」与「～と考える」，指明其语义区别，对人称使用限制加以说明，再导入表示意志的「動詞意向形＋思っている」和「動詞意向形＋考えている」会更合理。

2.2.2 学习者误用

在本章的开头就已经说过，「～と思う」和「～と考える」都可以用来表示经过反复思索后的内容，与此同时，「～と思う」也可以表示说话人当下的想法。这样一来，两个句型意思的差别便十分明显了。在教学中，我们仍然发现了学习者各种各样的误用情况。以下是学习者误用的例子。

④ 大学に入って、私の最も大きい変化は、性格が変わりました。昔、私はとても泣きやすい人でした。テストが失敗して、家で両親にしかられて、学校で友達と喧嘩して、どんなに小さいことでもすぐに悲しくなりました。自分もちょっと疲れます。しかし、大学に入ったあと、新しい友達がたくさんいて、毎日楽しい話をして、自分の気持ちも前よりもっと楽になりました。友達はとても楽観的人です。彼女はいつも「＊小さいことですから、そんなにたくさん思わないでください」と私に言います。私は友達に影響されて、性格が昔より元気になったような気がします。

——为什么不能把"他想去美国"说成「＊彼はアメリカへ行きたいと思う」?

⑤ 私の大好きな歌手はテレサ・テンです。今日はテレサ・テンの歌についてみなさんに話したいです。ちょっと古い歌です。みなさんは聞いたことがないかもしれません。みなさんの両親の時代にある歌です。この歌の名前は「北国の春」です。中国語の名前は「北国之春」です。この歌は、おばあちゃんは小さい時によく歌っていた歌です。私のおばあちゃんは高校の音楽の先生で、おばあちゃんもテレサ・テンがとても好きで、毎日家でテレビでテレサ・テンの歌を聞いています。ですから、私は小さい時からテレサ・テンの歌を聞いて、だんだん大きくなりました。3年前に、おばあちゃんはなくなりました。その後、私はこの歌を聴くことがこわくなります。＊毎回、この歌を聞くと、おばあちゃんを思います。この歌は私にとっては大切な思い出です。おばあちゃんが私にテレサ・テンの歌を教えたことを覚えます。

⑥ 先週、基礎日本語の授業で「思い切って」という言葉を勉強しました。先生は、この言葉の意味は、「悩まないで決心をつける」と紹介してくれました。そして、「思い切って仕事をやめる」とか、「思い切って好きな人に告白してみた」とか、いろいろな例文を挙げてくれました。勉強したあと、私はこの言葉が大好きになりました。そして、自分もずっと決心できないことを思い切ってしました。その日の夜、私は3年間付き合った彼氏にさようならと言いました。実は1年前からずっと分かれたいです。でも、ずっと勇気がなくて、いつも迷っていました。そして、その日は、＊彼は私に対していつもひどいことをしていることを思って、ですから、思い切って彼にさようならを言いました。彼はびっくりして、冗談ですか、本当ですかと私に聞きました。そのとき、私は、もちろん本当ですと言いました。

⑦ 週末はバスで友達と市内へ行きました。友達とずっと話していましたが、前の男がちょっと変だと思いました。その男はずっと隣のおばあさんのかばんを見て、そしておばあさんのところに行きたがっていました。＊私は、この男は泥棒じゃないの？と考えました。でも、間違ったらとても恥ずかしいですから、ずっと言わなかったです。でも、その男の行動を観察していました。おばあさんがバスを降りるとき、その男はおばあさんの近くに行って、おばあさんのかばんに触りました。私はとても怖かったですが、小さい声で「おばあさん、どうしてここにいるの？買い物なの？」と言いました。その男はすぐバスの後ろに行きました。

⑧ 高校のとき、2年生のとき、彼は私たちの学校に来ました。私と彼はずっと隣の席で座っています。そして、3年生のとき、勉強が忙しくて、彼と一緒に話

> す時間はとても楽しかったです。＊<u>最初は、彼はとてもいい人だと考えました</u>。しかし、一年後、事実がわかりました。彼がお母さんと話すとき、いつも怒って、汚い言葉ばかり使います。本当はとても冷たくて、悪い人です。

这5个句子的画线部分里，「思う」和「考える」都需要替换为其他单词。在例④中，说话者的朋友想表达的是"这么小的事情，不要想太多"。那我们该如何表达"想太多"呢？这里的"想"是"思考，考虑"的意思，"想太多"则指的是"思前顾后，思考得太多"。因此，"想"应该用表示"反复思考，反复斟酌"的「考える」，"想太多"则应该用「考えすぎる」「たくさん考える」。"这么小的事情，不要想太多"在日语口语中一般说成「小さいことだから、考えすぎるなよ」「小さいことだから、そんなに考えなくてもいいよ」。例⑤原句「＊每回、この歌を聞くと、おばあちゃんを思います」既可以被解读为"每次一听到这首歌，我都会想起（想到）奶奶"，也可以被解读为"我都会思念奶奶"[1]。如果表示"想起"或"想到"，那此处动词应该替换为「思い出す」；如果表示"思念奶奶""想念奶奶"，那此处应表达为「おばあちゃんのことを思っている」。因为日语不像汉语或英语，有"想念（思念）"或"miss"这样的动词来表达思念，日语只能使用较为间接的表达，如「おばあちゃんが恋しくなる」「おばあちゃんが懐かしくなる」等。在例⑥中，学习者试图表达的语义为"我想到他一直对我都很差"，"想到"这个动词可以替换为与例④一样的「思い出す」，即"想起某事"。但由于这里并不是在追溯往事，因此，对应后面的「思い切って彼にさようならを言いました」这一句，笔者认为此处用「～と思うと」这个句型能更好地衔接前后句。此处需要注意的是，说话者之所以用了「～ことを思う」这个句型，是因为直接套用了汉语句式"想到……事情"。而在日语中「～ことを思う」一般出现在「あなたのことを思う」「そのことを思う」这类表达中。「あなたのことを思う」中的「こと」指的是与前项相关的事情；「そのことを思う」中的「そのこと」可以

---

[1] 这个段落是从刚升入大二年级的学习者在课上发表的演讲中截取的，演讲题目为"我最喜欢的歌手/歌曲"。关于画线部分的误用，笔者询问了这位学习者，他表示想表达的意思是"每当我听到这首歌，我都会回忆起与奶奶一起相处的时光"。笔者进一步询问他是想表达"回忆起"还是"思念"，他表示都有。因此，这里需要分开讨论他试图表达的意思。

指代上文中提到的某件事情。如果想要具体表示"想到了……事情"，需要用上表示引用的「と」。"我想到他一直对我都很差"则要表达为「彼の態度がひどいと思うと…」「私に対してひどい態度を取っていると思うと…」。整句如果被替换为「私に対してひどい態度を取っていると思うと、腹が立って、思い切って彼にさようならと言った」，句子就十分通顺了。

　　例⑦和例⑧均为关于「考える」的误用。例⑦想表达的是在公交车上发现了一名行为可疑的男子，「この男は泥棒じゃないの？」是说话者对他做出的较为主观、未经证实的判断，很明显这里的「考える」需要替换为表达主观思考的「思う」。例⑧中，从语法角度而言，「最初は、彼はとてもいい人だと考えました」这句话本身并没有错误。在笔者对说话者的后续采访中，说话者表示他实际想表达的是"最开始的时候，我认为他是一个很好的人"。之所以使用「考える」这个词，是因为"他是好人"这一判断是说话者经过思索后得出的结论。如果想表达自己经过了反复的思考，终于得出某一结论，要突出思考过程，用「～と考えていた」则更为自然。但结合上下文来看，说话者一开始对「彼」的认识很明显是不够深刻的，「～と思う」更能表达出"认识不够深刻、到位"。因此，此处把句子替换为「最初は、彼はとてもいい人だと思った」或者「最初は、彼はとてもいい人だと思っていた」，上下文会衔接得更为自然。

　　综上分析，学习者对「思う」和「考える」的语义区别还未完全厘清，还是容易混淆其各自使用的场合。

2.2.3 「思う」和「考える」的语义

　　《明镜国语词典》对「思う」和「考える」这两个动词的定义如下。

「思う」
意味：認識、判断、情緒的思考や創造などについて心を働かせる意。
① 物事を知覚・認識する。
例：光ったと思った瞬間に雷が落ちた／雪かと思ったが、月明かりだった。
② 物事について、何らかの感覚・感情をもつ。感じる。
例：この部屋は寒いと思う／親切を有り難く思う。
③ 物事について、ある判断（特に、直感的な判断）を下す。また、判断を意見として示すのに使う。考える。

例：うそだと思うなら、彼に聞いてみろ/どう思おうと君の勝手だ。
④ 物事について、疑問・推測・回顧・希望・決意などの気持ちをもつ。
例：どうしようかなと思っているところだ/ゆっくり話したいと思ってやってきました。
⑤ そのことを心に浮かべて、周辺のことなどもあれこれ併せ考える。
例：将来のことを思うと不安になる/卒業したときのことを思うと今からうきうきする。
⑥ そのことを気遣ったり心配したりする。特に、恋心を寄せる。恋い慕う。
例：子を思う親の愛はいつの時代も変わらない/彼女を思う気持ちは誰にも負けない。

「考える」
① ある物事や事柄についてあれこれと頭を働かせる。思考する。特に、筋道を立てて問題や疑問を解決しようとする。
例：文章の構成をどうしようかと考える/時間ぎりぎりまで数学の問題を考える。
② そのことを心に置いて、あれこれと思考や想像をめぐらす。
例：日本の将来を考えるといささかの不安が残る/考えてもみなかったことが起こった。
③ 周囲の状況などをあれこれと気遣う。考慮する。
例：安全性を第一に考えて設計する。
④ 新しい方法や技術などを工夫して生み出す。考案する。
例：弊社が考えました新しいシステムをご案内致します。
⑤ 物事について、疑念・予想・推測・希望・決意などの気持ちをもつ。思う。
例：いい試合になるだろうと考えている/フィンランド語を勉強したいと考えています。
⑥ 思索や推論の結果として、物事に判断を下す。理性によって判断する。
例：この事実から改革案は難しいと考えることができる/この問題は深刻に（軽く）考えるべきではない。

　　《明鏡国語词典》在对「思う」的语义做出解释时，还对它与「考える」的语义做出了小小的区分，指出「③④⑤を『考える』で置き換えると、思案・熟慮・推論のあげく、などの意が加わる」，即③④⑤这3个义项均可替换为「考える」。但同时前文中出现的内容必须是说话者经过深思熟虑以后得出的结论或做出的判断。

——为什么不能把"他想去美国"说成「*彼はアメリカへ行きたいと思う」？

同时，《明镜国语词典》也对「考える」与「思う」的区别做出了如下说明："⑤はほとんどの文脈で、②⑥はしばしば『思う』と置き換え可。『思う』は情緒的で、『考える』は理知的なニュアンスを伴う"。也就是说，「思う」更偏向于情绪化的想法，而「考える」则带有理性分析的意味。两者语义的大致区分如表2-2所示。

表2-2 「思う」和「考える」的语义异同

思う	二者替换可能性	考える
① 物事を知覚・認識する。		① ある物事や事柄についてあれこれと頭を働かせる。思考する。
② 物事について、何らかの感覚・感情をもつ。感じる。	部分场合「考える」可替换为「思う」	② そのことを心に置いて、あれこれと思考や想像をめぐらす。
③ 物事について、ある判断（特に、直感的な判断）を下す。		③ 周囲の状況などをあれこれと気遣う。考慮する。
④ 物事について、疑問・推測・回顧・希望・決意などの気持ちをもつ。	「思う」可替换为「考える」	④ 新しい方法や技術などを工夫して生み出す。考案する。
⑤ そのことを心に浮かべて、周辺のこともあれこれ併せ考える。	「考える」可替换为「思う」	⑤ 物事について、疑念・予想・推測・希望・決意などの気持ちをもつ。思う。
⑥ そのことを気遣ったり心配したりする。特に、恋心を寄せる。恋い慕う。	部分场合「考える」可替换为「思う」。	⑥ 思索や推論の結果として、物事に判断を下す。理性によって判断する。

虽然这两个单词都可以表示"认真思考""仔细（慎重）判断"，如「思う」的④和⑤两个义项，「どうしようかなと思っているところだ」表达的是"正在考虑该怎么办"，「将来のことを思うと不安になる」则表示"考虑（一想到）将来的事情就开始感到不安"。但从表2-2的对比来看，学习者可以分清「思う」和「考える」单独使用的场合。「思う」和「考える」不可互相替换的几个义项如下。

「思う」的①②⑥这3个义项不能与「考える」替换。第一个义项是

「物事を知覚・認識する」，即对事情的感觉和认知。例如，「うちの妹かと思ったが、近くで見ると知らない人だった」说的是在街上偶遇某人，乍一看以为是自家妹妹，仔细一看才发现是陌生人。这里的「思う」强调的是当下的认识，没有经过太多考虑，较为主观和直观的看法。第二个义项「物事について、何らかの感覚・感情をもつ。感じる」，一般用来形容当下的情绪、感受。例如，「今日は昨日より寒いと思う」「彼に会った瞬間、心臓が止まったのではないかと思った」这两个句子中，说话者体会到了降温所带来的寒冷，体会到了在遇到他的那一瞬间，因为太过紧张或激动，以为自己的心脏就要停止跳动了。这些往往是在当下所受刺激下产生的反应。第六个义项「そのことを気遣ったり心配したりする。特に、恋心を寄せる。恋い慕う」指的是担心、惦念或为他人着想，甚至还可以表示喜爱、爱慕某人。表示父母担心孩子时，可以说「子どもを思う」；在「パーティーで会って以来、ずっと彼女のことを思っている」这个句子中，「思う」又可以用来表示对她的喜爱、眷恋之情。因此，也就有了「他人思い」（为他人着想）、「学生思い」（为学生着想）、「片思い」（单相思）、「両思い」（两情相悦）这样的单词，这里的「思い」是将「思う」名词化后产生的名词，表示的是"心情"。

　　如表2-7所示，「考える」在表示①③④这3个义项时不可以被「思う」替代。第1个义项「ある物事や事柄についてあれこれと頭を働かせる。思考する」指的是对某个事物、某件事情进行具体的思考，强调的是思考这个行为。例如，思考数学题或思考对策、方案可以表达为「数学の問題を考える」「対策/案を考える」，这是「考える」最基本的用法。第三个义项「周囲の状況などをあれこれと気遣う。考慮する」，更为强调"考虑有可能出现的状况""考虑一系列因素"。例如，"考虑新冠疫情的风险，不得不放弃旅游"中的"考虑"则是「考える」，句子可以表达为「新型コロナウィルスのリスクを考えて、旅行を諦めざるを得ない」。第四个义项「新しい方法や技術などを工夫して生み出す。考案する」指的是"经过反复思考后，想出新的办法，发明新的技术"，这里的「考える」指的是带有一定创新性的思考行为，如想出了好主意、好方案（「いいアイデアを考えま

した」「新しい案を考えてきました」）〔1〕。

　　「思う」和「考える」可被替换的义项及其使用特点如下：「思う」在表示③④⑤这 3 个义项时，都可以被替换为「考える」，但正如词典所解释的，其意思会有差别。在表示第三个义项「物事について、ある判断（特に、直感的な判断）を下す」时，「思う」更为强调根据直觉做出的判断，而「考える」则更为强调经过理性分析后做出的判断。「うそだと思う」和「うそだと考える」这两个短语，侧重点有很大的不同。「思う」的第四个义项「物事について、疑問・推測・回顧・希望・決意などの気持ちをもつ」，与「考える」的第五个义项基本吻合，经常出现在「動詞意向形＋う／よう＋と思っている／と考えている」句型中，用来表示自己的决心、期盼等。例如，我们可以认为「アメリカへ行こうと思っている」和「アメリカへ行こうと考えている」这两个句子表达的意思大致相同，但前者更强调自己内心深处的想法，后者更强调自己长久以来盘算、计划的事情。「思う」的第五个义项「そのことを心に浮かべて、周辺のことなどもあれこれ併せ考える」与「考える」的第二个义项十分相似，如「結婚式の準備のことを思うと、少し怖くなってきた」与「結婚式の準備のことを考えると、少し怖くなってきた」这两个句子表达的"思考"指不同类型的考虑，前者更多指向散漫的、无体系的思考，而后者则侧重于有章法、有体系的思考，如理性的分析和判断，——列举办婚礼所需要做的事情。「考える」的第六个义项「思索や推論の結果として、物事に判断を下す。理性によって判断する」指的是根据理性的思索和推理最终对事物做出判断，强调的是理性分析。例如，"慎重思考""仔细思索"应表达为「慎重に考える」「細かく考える」，而不是「＊慎重に思う」「＊細かく思う」。可以互换的场合则是具体的引用，如表示自己的看法时既可以说「私は…と思う／と思っている」，也可以说「私は…と考える／と考えている」。例如，「あなたの意見は間違っていると思う」和「あなたの意見は間違っていると考える」都可以表示说话者经过认真思考后得出的结论，但总的来说，后者相对前者而言，逻辑性和理性色彩更强。

　　综上所述，「思う」与「考える」在语义上既有相同之处，也有不同之

---

〔1〕这里需要强调的是「思いつく」，可以表示"想出新方案"，但更为强调灵机一动的想法，而这里的「考える」则强调理性分析。

处。虽然有观点认为可以简单地将二者区别为"感性"或"理性"的思考、判断，但基于以上分析，笔者认为还是要对它们进行更为严格的区分。表2-3对其语义的相同之处和区别做了整合。

表2-3 「思う」与「考える」语义的相同之处与区别

词汇	思う	考える
不同之处	① 当下对事物直观的认知。 例：前を歩いている人が小学校のときの同級生かと思ったが、違う人だった。	① 花费时间，带有逻辑性的理性思索，强调思考的过程。 例：彼女にどう返事すればいいか、一晩考えた。
	② 当下的情绪、情感。 例：その赤ちゃんの顔を見た瞬間、世界一可愛いと思った。	② 考虑到各种状况或可能性。 例：お金のことも考えて、仕事をやめられなくなってしまった。
	③ 体贴、爱慕、眷恋之情。 例：先生は君のことを思っているからこそ、あんなきついことを言ったんだよ。	③ 带有创造性、创新性的思索。 例：新しい案を考えてきましたが、少し見ていただけませんか。
相同之处	① 表达决定、意志、疑问、推测等埋藏在心里已久的想法。 例：2年前からイタリアへ西洋料理を学びに行こうと思っている。 2年前からイタリアへ西洋料理を学びに行こうと考えている。	二者可以互换，但「思う」强调自身的意愿，主观性较强，而「考える」更强调逻辑，即事情应有的样子和走向。
	② 就某件事展开想象。 例：あの人のことを思うと、胸が痛くなる。 あの人のことを考えると、胸が痛くなる。	
	③ 仔细思索并做出判断。 例：どう見ても、あのやり方じゃ相手に勝てないと思う。 どう見ても、あのやり方じゃ相手に勝てないと考える。	

2.3 "我很想男朋友""妈妈很想我""我很想家"该如何表达？

在教学的过程中，笔者经常被学习者问到该如何用日语表达想念，例如，"我很想男朋友""妈妈很想我""我很想家"。特别是初级阶段的学习者，常常提出相关问题。

第2章 主观意志表达
——为什么不能把"他想去美国"说成「＊彼はアメリカへ行きたいと思う」？

查阅白云社汉日词典[1]，我们发现"想念"对应的日语表达分别有以下5个：「恋しくなる」「恋しく思う」「懐かしがる」「恋しがる」「未練がある」。但这几个表达用来对应"我很想男朋友""妈妈很想我""我很想家"中的"想"，显然不够贴切。例如，在「家が恋しくなった」「家が懐かしなった」「家を懐かしがる」「家を恋しがる」这些句子中，虽然表达的也是一种思念，但蕴含着因长久没能回到故乡而产生的想念，与当下的"迫切想要回乡"有所不同。而「未練がある」使用的语境更为有限，表示的是对某人或某事"余情未了""留恋"，多用来形容恋人分手后难以忘记对方，重点强调对于不再属于自己的人或事物的"不舍"，例如「前の彼女に未練があるが、プライドが高いから、絶対に連絡しないと決めた」这个句子说的就是留恋前女友。笔者发现「恋しい」「懐かしい」都是大二下学期的学习内容。「未練がある」的导入要到大三、大四，因此，对初学者来说，要用日语表达出"想念"的确很难。但从实用角度来说，"想念"可以说是一个很平常的表达。因此，如何用日语表达这一语义也是学习者在初级阶段需要思考的问题。

2.3.1 学习者习得情况

笔者针对就读于大二上学期的30名日语学习者做了问卷调查，调查内容为翻译与想念有关的句子——"我很想男朋友，因此决定国庆节去看他""妈妈太想我了，明明还是9月，就给我寄来了一件厚毛衣"。表2-4列举出了5例学习者的表达。

表2-4 学习者就"想念"的表达

句子	译文
我很想男朋友，因此决定国庆节去看他。	• 彼氏が好きすぎて、国慶節に彼のところに行きたいです。 • ?彼氏を思いすぎて、国慶節に会いに行こうと思っています。 • ?彼氏が懐かしいから、国慶節に彼に会いたいを決めました。 • ?彼氏を懐かしがるから、国慶節に彼に会いに行くことを決めた。 • 私は彼氏がとても好きで、国慶節の時に会いに行きます。

---

[1] 此处所用的词典为weblio免费公开于网络的日中/中日词典（https://cjjc.weblio.jp/）。

续表

句子	译文
妈妈太想我了，明明还是9月，就给我寄来了一件厚毛衣。	• 母は私を会いたすぎて、9月なのに、厚いセーターを送ってくれた。 • *母は私を懐かしみすぎたから、9月なのに、厚いセーターを送ってくれた。 • *母は私を懐かしすぎていて、まだ九月なのに、厚いセーターを送ってくれました。 • *母は私に会いたがっています。九月なのに、厚いセーターを送ってくれます。 • ?母は私のことを思っていますから、まだ9月なのに、厚いセーターを送ってくれました。

从表2-4可以发现，学习者对"想念"一词的理解大致基于词典上查到的意思。另外，还有一些答案，如「好きすぎる」「とても好きだ」等则是替换掉了原句型，用另一个说法来表达相似的句意。笔者在调查结束后对学习者们进行了后续采访，30名学习者纷纷表示对日语"想念"的表达方式"不甚清楚""不够确定"，甚至"完全没有印象""完全不知道该用什么词"。由此可见，如何用日语表达"想念"对日语学习者尤其是初级学习者来说，确实是个难点，也可以说是个盲区。

2.3.2 表示"想念"的「思う」

表2-4中学习者对"思念"的表达有「思う」和「思っている」。笔者在后续采访中询问到使用「思う」的3个学习者，3人均表示不知道"想念"该怎么说，只能用「思う」"凑合一下"。「思う」和「考える」有众多义项，唯一与"想念"沾边的是「思う」的第六个义项，即「そのことを気遣ったり心配したりする。特に、恋心を寄せる。恋い慕う」，既可以表达担忧、惦念，还可以表达喜欢、爱慕。例如，日语中有句俗语「親思う心にまさる親心」，解释得通俗点，即「子が親を思う心よりも、子を思いやる親の気持ちのほうがはるかに深い」（比起孩子为父母着想，父母为孩子牵肠挂肚则要强烈得多）。这里的两个「思う」都表示的是为他人（子女、父母）担心、牵挂。不同的是，在「パーティーで会って以来、ずっと彼女のことを思っている」这个句子中，整句可以被译为"自从聚会上见了她之后，我就一直想着她"。此处的「思う」指的是说话者对她的爱慕之情，但从字面上看，表示的就是"反复想"，也可以间接表示"想念"。因

此，在某些语境中，「思う」也可以用来表示对人的想念。

(8) 実は、実はあれからずっとあなたのことを思っているんです。あなたには気づかれているかもしれませんが、好きなんです。寝ても起きても、ずっとあなたのことを思っているんです。思いをぶつけたほうがいいって友達が言っているんですが、受け止めてくれないなら意味がないって色々考えちゃいました。でも、やはりちゃんと言うべきだと思うし…なので今日は言います！

(9)「彼は私のこと本当に好きなのかな?」と、彼の本気度が気になることもあるかもしれません。本気度って明確に数値で測ることができないので、自信のない女子からしたらちょっと不安に思うことですよね。そこで今回は、彼女のことを本当に思っている彼氏が自然にしちゃう行動をご紹介します。これらがあれば十分愛されているので不安になる必要はないですよ。

(10)「厳しくしたのはお前を愛していたから」「お前のためを思って」と言う親がただ暴力暴言で傷つけていただけ。こういう場合、厳しさは愛という言葉が呪いになります。ひどいことを言われても、「私のためを思って言ってくれているから、ちゃんと受け取らなきゃ」なんて思わなくて良いですよ。

(11) 親から「あなたのことを思って」と言われてしまうと、子供は反論できなくなります。なぜなら、小さな子供にとって親は自分の世界の大半を占めていますし、親の愛情と思って疑問を抱くこともなく受け入れると思います。その親の思いを拒否することは、親の愛情を拒否することとなり、子供には自己嫌悪と重い自責の念が生まれます。逆に、親のほうは、自分が良かれと思って言っていること、やっていることなので、この子にも絶対に良いはずだし、この子も良いと思っているはずだ。という強迫にも似た依存＝支配となる場合が生まれてしまいます。そうなると、もし、そういった親が子供に拒否された時に、大きな怒りとなって現れることもあるでしょう。

例（8）中「あなたのことを思っている」说的是"一直想着你"，既

可以理解为"喜欢"或"在意"，也可以理解为"想念"或"想"。例（9）描述的是如何判断某人是否真心喜欢对方，与前一个句子相比，画线部分「彼女のことを本当に思っている」的语义稍微有了一些变化。在这个语境中，更强调的是"喜欢"，而不是"想念""思念"。例（10）中，根据上下文语境，很明显「お前のためを思って」表示"为（了）你好"；反之，「私のためを思って」则是"为（了）我好"。这个例子讲的是父母强加自己的意志给子女的时候，总是习惯性地说"都是为你好""都是为你着想才……"，这里的「～のためを思う」可以视作一个惯用句型，句意为"为……好""为……着想"。因此，「思う」仍然是挂念、担忧的意思。例（11）说的也是在亲子关系中，父母对孩子说「あなたのことを思って」之后，孩子不知道如何表达自己真实的想法。「あなたのことを思って」与例（10）的意思相近，都是"为你着想""为你考虑"。由这两个例子我们可以看出，在这样的场合使用「思う」，更多的是表达为某人"担忧""着想"。

总的来说，「思う」在表达"想念"时多用「～のことを思っている」。而其他的句型如「～のためを思う」「～のためを思って～＋動詞」「～のことを思って＋動詞」则更为强调"为某人着想"。

如何用日语表达"我很想男朋友""妈妈很想我""我很想家"？不难发现，其实并没有一个完全能与汉语"想念"对应的日语单词，最为直接的说法是「～に会いたい」或「～に会いたくなる」。例如，"想男朋友"可表达成「彼氏に会いたくなった」，更多强调当下想要见到他的心情。"想家"当然可以表达为「家/故郷に帰りたい」或「家/故郷に帰りたくなった」，但由于"想家"还可以有一种漂泊的游子对家乡的怀念之情，因此也可以翻译为「故郷が懐かしい」或者「故郷が恋しい」。而"妈妈很想我"则与"我很想男朋友"类似，可以表达为「母は私に会いたい」。此处的"想"与「思う」表达的"为某人着想"这一语义相吻合，因此，"妈妈太想我了，明明还是9月，就给我寄来了一件厚毛衣"可以译为「まだ9月なのに、母は私のため/ことを思っていて、厚いセーターを送ってきてくれた」。由此可见，由于日语中没有一个完全固定的对应汉语"想念"的词汇，学习者只有分清各种语境，区分表达"想念"的各种情感，才能正确地表达出意思。

第2章　主观意志表达
——为什么不能把"他想去美国"说成「＊彼はアメリカへ行きたいと思う」?

2.4 「～たがる」的陷阱

「～たい」一般用来表示说话者的愿望、期盼，如「アメリカへ行きたい」「できれば毎日うなぎが食べたい」相当于汉语的"想去……""想吃……"。与「思う」「考える」类似，这个句型在使用时也有人称限制，只能用来表示第一人称的心理活动[1]。用于第二人称时，只能使用疑问句，例如，「大変そうですね。休みたいですか?」可以用来询问对方是否由于太过劳累而需要休息。而在表示第三人称的愿望时，在日语中一般使用「～たがる」这个句型，如「夏になると、みんなが海水浴に行きたがる」。这么分类下来，「～たい」虽然不如汉语的"想……"简单，但也不复杂，只要多花一点工夫，就可以清晰地区别开来。

然而，学习者在使用过程中仍然存在误区。例如，笔者所教的大二年级的学习者曾经说过「先生はハワイへ行きたがっているから、ネットでハワイのお土産を買って先生に贈りました」这样的句子。虽然能理解意思，但日语母语者多半会觉得「先生はハワイへ行きたがっている」这样的句子不够自然。究其原因，还需要从「～たがる」的用法讲起。

2.4.1　教科书讲解

「～がる」这一语法点是在《新编日语（重排本）》第3册中导入的，其解释如下所示。

> 接尾词「がる」
>
> 接尾词「がる」接在表示感情、感觉、欲望等心理状态的形容词和形容动词后面，构成五段动词，表示第三人称的感情、感觉和心理。也可以接在「～たい」的词干后面。「がる」的连用形「がり」表示有那样感觉的人。
> - その地方の人々はめずらしがって大騒ぎをしました。（妹妹拿到礼物后，非常高兴。）

---

[1] 在不具体指明对象、表示非特定人群的时候，也可以用「～たい」。如在「うちへ帰りたい人は手を挙げてください」这个句子中，「うちへ帰りたい人」指的是"想回家的人"，并未给出具体的人称。

> - おとといい、鈴木さんはお父さんを訪ねてきた。お父さんが九州に行ったことを聞いて、残念がっていた。（前天，铃木来看望父亲您了。听说您去了九州，感到很遗憾。）
> - 林さんは休まずに働くので、社長にとてもかわいがられている。（小林不休息，一直工作，经理很喜欢他。）
> - 妹はおみやげをもらって、うれしがっています。（妹妹拿到礼物后，非常高兴。）[1]

上述讲解虽然未直接提到「～たい」与「がる」可以结合为「～たがる」的形式，用以表达他人的愿望，但这一结构本身不难理解。根据教科书，表达第三人称的内心期盼或渴求时，「～たがる」就可以派上用场，但实际上这个知识点用起来有诸多限制。下面是一些常见的误用，笔者在此基础上分析其用法。

2.4.2 「～たがる」相关误用

以下是学习者误用的例子。

> ⑨ この前、学院の喉自慢大会がありました。私は学習者会の人ですから、チケットを10枚持っています。*友達はみんな喉自慢大会に行きたがります から、チケットがほしいと私に言いました。友達は15人もいます。ですから、私は本当に困っています。チケットをだれにあげるのか、だれにあげないのか、いろいろ考えて、悩みました。やっぱり友達はとても不満で、怒ってしまいました。そういう友達がいます。私はみんなにあげたいですが、チケットが足りないのは、私のせいじゃないです。
> ⑩ 国慶節のとき、私は友達と江陰市へ行きました。*無錫からバスで2時間かかりますから、*友達はその日の夜に江陰のホテルに泊まって、次の日に無錫に帰りたがります。でも、私は、新型肺炎がまだ残っているから、ちょっと怖いです。なので、私はその日に学校に帰りたいと言いました。そのあと、友達も気分が悪くなって、私たち二人はちょっとけんかしました。最後、友達も学校に帰りましたが、その日からあまり私と話しません。ですから、今回の国慶節は私にとって、あんまり楽しくない国慶節でした。

---

[1] 周平，陈小芬. 新编日语：第1册 [M]. 重排本. 上海：上海外语教育出版社，2017：95.

⑪ 視聴説の先生は、今年の試験はとても難しいと言いました。ですから、みんなはとても緊張しています。最後の授業で、先生は本をよく読んで、よく復習してくださいと話しましたが、＊みんなは試験の内容を聞きたがりましたから、先生に試験の内容をだいたい教えてくださいと聞きました。でも、先生は教えてくれませんでした。私たちは全部の本を読まなければなりません。ですから、毎日は大変です。

⑫ 私はあまりユーモアじゃないだと思います。冗談を言ったら、誰も笑わない場合が多いです。発表のとき、わざわざネットで冗談を探して、クラスの雰囲気がよくなりたいです。でも、みんなに言いましたが、みんなは無反応です。ちょっと疲れてしまいますね。でも、この前のクラスの発表のとき、私は頑張って冗談を3つ言いました。そして、みんなが笑いました。私は、自分は成功した？と考えました。しかし、私はあとでわかりました。＊私は何を言っても、クラスメートは笑いたがります。寮のルームメートは教えてくれました。○○さんの緊張の顔が面白いから、みんなが笑いました。私は彼の言葉を聞いたあと、やっぱり疲れているなと思います。

上述4个句子都不够自然。例⑨中的画线部分，「＊友達はみんな喉自慢大会に行きたがります」意思是"朋友们都想去看唱歌比赛"。此处的主语为第三人称的"朋友们"。例⑩中的画线部分「＊友達はその日の夜に江陰のホテルに泊まって、次の日に無錫に帰りたがります」说的是"朋友希望当天晚上住在江阴的酒店里，第二天再回无锡"。例⑪中的「＊みんなは試験の内容を聞きたがりました」说的是"大家都想要问（老师）考试的内容"。例⑫中的「＊私は何を言っても、クラスメートは笑いたがります」表达的是"不管我说什么，班上的同学都想笑"。后面这3个句子中，主语分别为"朋友""大家""班上的同学"。按照书上的解释，这4个句子都要使用「たがる」。笔者就这4个句子对5位日语母语者做了调查，询问了他们如何用日语表达相同的意思。其表达分别如下。

⑨'・友達はみんな喉自慢大会に行きたいようで、チケットがほしいと私に言いました。
・友達はみんな喉自慢大会に行きたいと言って、私にチケットを求めに来ました。
・友達のみんなは喉自慢大会に行きたいから、チケットがほしいと言ってきました。
・友達はみんな喉自慢大会に行きたいようで、チケットがほしいと言ってきました。
・友達はみんな喉自慢大会のチケットがほしいと言いました。

⑩'・友達はその晩は江陰のホテルに泊まって、翌日に無錫に帰りたいと言っています。
・友達はその日は江陰のホテルに泊まって、次の日に無錫に帰ったほうがいいと提案しました。
・友達はその日は江陰のホテルに泊まって、次の日に無錫に帰りたいと言いました。（2人选择了此说法）
・友達はその日は江陰のホテルに泊まり、次の日に無錫に帰りたいと考えています。

⑪'・みんなは試験の内容を知りたいから、試験の内容を教えてくださいと先生に聞きました。
・みんなは試験の内容を知りたいから、先生に試験の内容を教えてとお願いしました。
・みんなは試験の内容を知りたくて、それについて教えてくれないかと先生に頼みました。
・みんなは試験の内容を知りたいし、試験の内容を先生にたずねました。
・みんなは試験の内容を知りたいから、先生に聞いてみました。

⑫'・私は何を言っても、クラスメートは笑ってしまいます。
・私は何を言っても、クラスメートに笑われます。
・何を言っても、クラスメートは必ず笑ってくれます。
・私は何を言っても、クラスメートに受けるようです。
・何を言っても、クラスメートが喜んでくれます。

从以上说法可以看出，在这几个例句中，母语者没有选择「～たがる」这个句型，而是直接用了「～たい」或者其他说法。例如在⑨'中，5名日语母语者基本上选择了直接或间接引用「喉自慢大会に行きたいと言う」这一句型来表示朋友们的想法。第5句虽然省去了"想去看"这个说法，直接表达了"想要票"的心情，但仍然使用了「～と言う」句型。除此之外，还可以用「～ようだ」来表示对他人感受的推测。例⑩'也选择了间接引用的方式，分别使用了「～と言う」「～と提案する」「～と考えている」等句型。例⑪'则直接用了表示第一人称心理活动的「～たい」，究其原因是「みんな」中包含说话者自己，把自己视为了「みんな」中的一员。最后一个例子里，日语母语者都避开了「～たい」或「～たがる」的说法，直接将其表达为"笑"或"被……笑"。为什么日语母语者使用「～たがる」的频率这么低呢？还要从「～たがる」的用法说起。

2.4.3 「～たがる」该如何使用？

新屋映子、姬野伴子、守屋三千（1999）指出「うれしがる」「面白がる」「ありがたがる」本身就带有不礼貌的语气，使用率很低。彭佳、王忻（2009）做了较为详细的分析。在针对日语学习者、日语母语者的调查中，他们发现日语母语者在设定好的表达他人意愿的场景中，都没有使用「～たがる」，而是纷纷选用了「～と言っている」等表示间接引用的句型和表示说话人猜测、判断的「～らしい」句型。而日语学习者使用「～たがる」的比率则要高出许多。这与笔者调查的结果是相符的。彭佳、王忻（2009）对其原因做了如下说明。

> 「～たがる」是表达第三人称愿望的表现形式，但是它本身的语感是过于直白地、露骨地表现出话题人物的欲望，令听话人明确知道该人物的心里所想。换句话说，它给人一种将人内心愿望未经本人允许就公开披露的感觉。在露骨地表达人的欲求（用铃木睦的话说就是「私的領域に踏み込んだ」）这点上，它与「～たい」「ほしい」有共同点，而将内心活动外表化又是「～がる」的特点，于是，「～たがる」便是在侵犯了他人"私人领域"之上又将私人领域里的欲求公开外表化，从而成为"双重失礼的表达"。

也就是说，在擅自揣测或直接说出对方心里所想时，可以使用「～たがる」，虽然语法上没有问题，却是一种不太礼貌的表达。从语用学角度来说，在日语中，基于维持和谐的人际关系原则，一般要尽量避免使用直接

触及他人内心想法的表达方式，如果不使用「～ようだ」「～らしい」「～と言う」这种间接表达，而使用「～たがる」，就会使句子带有说话者刻意暴露第三者内心想法的意味。

(12) アドバイスしたがる人の心理は、自分が主導権を握りたいという思いも関係しています。この人に対しては主導権を握るようにしたいと考えているので、アドバイスを出来るだけしてしまうのでしょう。このアドバイスの中には、「○○さんもこうしているよ、だから同じようにした方がいいと思う」のように人の名前を出してくるケースも多いのです。この方が相手に対して、具体的に提案ができるというふうに思っているのでしょう。そこまで言うのならと、言われた側としても相手の言うことを聞こうと考えるかもしれません。自分が主導権を握ることができたと感じると、満足感を得られる人もいるのです。これからも様々な場面でアドバイスをしていき、自分の方が優位に立ちたいと考えているのでしょう。

(13) 冒頭のとおり、まず斎藤氏が憤るのは「がん化する」などと言い、むやみに脅かすケース。「常識ではありえない話ですが、患者さんの口の中をマイクロスコープなどで鮮明に見せ、『こんなに汚い！』と脅かし、怖がらせる医師は1人や2人ではありません。北海道や九州から私のところに駆け込んできた患者さんが、まさにこうした脅かしを受けていました」その意図は、抜歯をすすめるため。では、なぜ歯科医は抜きたがるのか。「第1に、現在の歯科の医療保険制度に問題があります。歯を温存する治療より、抜歯という外科的処置を施すほうが、診療報酬点数がより高く設定されており、歯科医の利益につながるのです」。また同様の理由

で、問題なくかめている親知らずも「抜くのが常識」と、頭ごなしに抜歯をすすめるケースもあるという。「親知らずだからといって、イコール不要な歯ではありません。使える歯をむやみに抜きたがる歯科医は、患者さんより自分の利益を優先しているのです」保険で「よい義歯は作れません」と言い切る歯科医も要注意だ。

(14)「付き合う気は今のところないけれど、とりあえずキープしておこう」と自分に好意を向ける女性を側におきたがる男性は結構います。向き合うつもりはないのにいい顔をしたいのは、「好かれている自分」を無責任に楽しんでいたいから。こんな男性に無駄な時間を費やさないためにも、キープしたがる男性の特徴と対策を知って回避しましょう！

(15) 東京商工リサーチの調査によると、9割の企業が忘年会や新年会を開かないと回答。会社としては、コロナのリスクを考えてこのような方針を取るのは当たり前でしょう。しかし年末ともなれば、全社でやらなくとも、忘年会のひとつ、ふたつはやりたいというのが男性のホンネ。「コロナ対策をしっかりやれば大丈夫。忘年会をやりたい気持ちは抑えられないんだよ！」こういう上司世代はまだまだ多いと思われます。では、どうして彼らはこんなに忘年会やら、新年会やらをやりたがるのでしょうか。答えは単純で、男性にとっては、お酒を飲んで憂さ晴らしをすることくらいしか、ストレスの発散法がないから。女性の場合、仕事でストレスがたまっても、友人とのおしゃべりであるとか、スイーツを食べることですとか、岩盤浴に行ったりですとか、いろいろな形で上手にストレスを発散してしまいます。ところが、男性にはそういうストレス発散法がありません。いや、ある人もいるのかもしれませんが、大半の男性にはありません。なので、手軽なストレス発散法として、お酒に頼りやすいのです。

(16) 散歩中の犬が座り込んでしまい、頑として動かなくなったという経験はありませんか？これは散歩に行きたくない、なんらかの理由で帰りたいという犬の意思表示かも。このような状態になってしまうと、飼い主がリードを強く引っ張っても動こうとしないことも珍しくありません。また、そもそも散歩に行きたがらないというケースもあります。飼い主が散歩の準備を始めると隠れたり、家を出てもすぐに自宅のほうへ引き返そうとしたりするかもしれません。散歩中に帰りたがったり、散歩に行きたがらなかったりする場合には、このように普段と違う仕草が見られます。

以上5个例子描写的都是他人的心理，但「～たがる」的用法上有细微的语义差别。例（12）的「アドバイスしたがる人」指的是"总是想提建议的人"，此处也可以替换为「アドバイスしたい人」。二者区别在于一旦说出「アドバイスしたがる人」，则带有一丝贬义，暗指并非真心想帮助他人解决问题，而是"动不动就想给人提建议"，已经养成了爱提建议的习惯。例（13）中，说话者想表达的是黑心牙医为了多赚钱，病人本不需要拔牙也被强行要求拔牙。因此，「なぜ歯科医は抜きたがるのか」表示的是牙医为了追求利益而不惜违背医德。同样，与上一句相同，用了「～たがる」之后，希望病人拔牙是牙医不想被病人知晓的，可以被理解为「実際は抜かなくてもいいが、お金儲けのために歯を抜いてほしい」（本不需要拔牙，但为了赚钱，于是昧着良心说需要拔牙）。例（14）的「キープしたがる」描述的是部分男性想要保留"备胎"的心理，在段落的前半部分也明确提及了其内心深处的想法，即「『好かれている自分』を無責任に楽しんでいたい」。很明显，这样的男性并不想被"备胎"（「キープされた女性」）知晓自己的想法。例（15）「忘年会やら、新年会やらをやりたがる」说的是总有些男性上司不顾新型冠状病毒扩散的风险开忘年会或新年会。很明显，这句仍然是通过「～たがる」来表达他们违背防疫要求，不顾大家意愿，想要强行举办聚会。例（16）说的是狗不愿意出门散步或散步途中想回家，与狗主人想要带它出门的想法是相悖的。因此，这里可以将「～たがる」的用法分为两种：一种类似例（12）（13）（14）中不愿被他人

发现、知晓的心理，用「～たがる」的目的是通过说话者之口透露其内心真实的想法；另一种类似例（15）（16）这种与说话者或一般人相悖的情况，表示其想法"不合群""不平常""让人不舒服"。

当然，如果带着戏谑的语气跟朋友开玩笑，这个句型用起来并不显得突兀。笔者曾在日本的综艺节目中听到下面这段对话，搞笑艺人之间互相揭老底制造笑料时，就用到了「～たがる」。

(17) A：××先輩は売れてないときからすごくお世話になっていて、飲み会のときも必ずおごってくれるし、帰る電車がなくなったらタクシー代まで出してくれるんですよ。
B：えー？タクシー代まで出すの？おれらで飲むとき一回も出してくれなかったよな。
C：お前金稼いでんだから出すわけねえだろう。
B：でもあれでしょ？後輩がいるとこういうことしたがるでしょ？
C：俺はさ、別によく言われたいとか評価されたいとか、そういうんじゃなくて、後輩たち頑張ってるから、たまにはいい店に連れて行こうかなって。
B：でも言ってほしいでしょ。番組とかで。
C：いや言わんでいいよ、俺は全然気にしないから。

在例（17）中，根据上下文可以看出「こういうことしたがる」指的是B认为C请后辈吃饭是因为C心里希望后辈们能在节目上提及这件事，进而树立一个好前辈的形象。画线部分是疑问句，因此这句也可以说成「後輩がいるとこういうことしたいでしょ」，用了「～たがる」之后，语义马上发生变化。

像例（17）那样，用「～たがる」来表达朋友的想法并不是不可以，带着戏谑的语气来和朋友谈笑是没有问题的。但如果说话对象是陌生人或长辈或上司，说话者一旦说出「～たがる」，则显得其态度不够友好，不利于人际交往。

2.5 小　结

　　一直以来，在初级日语教学中，表示认知和思考的「思う」「考える」及其基本句型「〜と思う」「〜と考える」的界限多被简单界定为"感性认知""理性认知"。本章首先通过具体的例子对二者语义上的异同点进行了分析，指出「思う」在一定条件下也可以表达理性的思考。与此同时，二者的语义也存在不同之处。其次，「〜と思う」「〜と考える」使用上受人称的限制，本章对它们进行了分析。再次，对汉语"想念"对应的日语说法进行了考证，并通过学习者的表达考察了学习者的习得状况，指出初学者很难找到恰当的表达，大多会使用「〜を思う」这一句型。最后，对表示第三人称内心愿望的「〜たがる」的使用限制做了说明。

第3章
"应该……"对应的日语表达

——为什么「＊自分の母語が美しい言語だと
思わないはずではない」是错句？

　　围绕「～はずだ」这一语法点，学界已经展开了诸多讨论，其中讨论最多的是语义和与之相近句型的对比。寺村秀夫（1984）对其用法做出了概括性的总结，并将其定义为「ある事柄の真否について判断を求められたとき、あるいは自分で判断を下すべき場面に直面したとき、確言的には言えないが、自分が知っている事実（P）から推論すると、当然こう（Q）である、ということを言うときに使われる」［说话者在被要求对某件事情的真伪做出判断或自己必须做出判断的时候，虽然无法给出确定的答案，但就自身所知晓的事实（P）来推测时，可以由相关依据推断出结果（Q）。在这种场合，可以使用「～はずだ」］[1]。

　　简单来说，「～はずだ」用来表示说话者根据自身所掌握的信息或知识，进行合理的推断，经常与汉语"应该"对应。但由于汉语的"应该"可以表达多种意思，既可以表示必须（例如，"学生应该好好学习"），也可以表示推测等（例如，"雨下得这么大，他应该不会来了吧"）。这样一来，「～はずだ」与汉语"应该"的对应关系又成了汉日对比研究中的热门话题，其中提到最多的便是与「～べきだ」的区分。例（1）的「～はずだ」和例（2）的「～べきだ」都可以译为"应该"，但前者表示的是推测，后者表示的是义务。

---

[1] 关于「～はずだ」意思和用法的研究太多，这里不再赘述，仅列举最具代表性的寺村秀夫（1984）的观点。

> (1) 荷物は昨日送ったので、明日には届く<u>はずだ</u>。
> 　　译：昨天已经把东西寄过去了，明天<u>应该</u>会到的。
> (2) もう大人だから、何事にも自分で責任を負う<u>べきだ</u>。
> 　　译：都已经是成年人了，什么事情都<u>应该</u>负起责任来。（笔者自拟）

同时，「～はずだ」与相近句型「～わけだ」「～に違いない」的区别也受到了广泛的关注。「～わけだ」更为强调事情的自然进展，王彦花（1998）将其解释为"依靠某种原因、理由或事物发展的自然趋势、一般情理等，得出不言自明的结果或结论"。例（3）指的是根据时间的推算而得出的自然、客观结果。「～に違いない」虽然可以表示推断，但其主观臆断性更强，大多用来表示事实依据不够充分的推测。

> (3) 今日は12月15日だから、あと2週間でお正月になる<u>わけだ</u>。
> 　　译：今天是12月15日，再过两个星期就到新年了。（王彦花，1998）
> (4) 彼女の不機嫌な様子からすると、今回の取引がきっとうまくいかなかったに違いない。
> 　　译：从她那不高兴的样子来看，这次交易肯定进行得不顺利。
> （笔者自拟）

过往研究集中讨论了这些句型的意思、使用场合的区别，并且从日语习得的角度出发，观察学习者易出错的地方，对现有教科书上的说明予以指正等，内容翔实，角度全面。无论是理解层面还是运用层面，只要教师稍做解释，学习者就能掌握其不同之处。在实际教学过程中，笔者也发现学习者极少混淆「～はずだ」和以上列出的几个句型，但「～はずだ」的引申句型往往被忽视，也极容易被误用。

3.1 「～はずだ」的引申句型

「～はずだ」的引申句型主要有「～はずがない」「～はずなのに/～は

第3章 "应该……"对应的日语表达

——为什么「＊自分の母語が美しい言語だと思わないはずではない」是错句?

ずだった（のに）」「～はずではない/～はずではなかった」。在日语语言学、教育学领域里，前两个句型均受到了不少关注，在大部分语法书上也被单独列出并做了介绍。第三个句型「～はずではない/～はずではなかった」很少被人关注。笔者在表3-1中对「～はずだ」及其引申句型的语义做了简单的罗列。

表3-1 「～はずだ」及其引申句型的语义

句型	语义
～はずだ	凭借已有信息，对事情进行推测或判断。 例：まじめな彼のことだから、時間どおりに来てくれるはずだ。
～はずがない	凭借已有信息，推测或判断某事无可能性。 例：仕事をやめたばかりだし、貯金もないと言っていたから、そんな豪華なマンションが買えるはずがない。
～はずなのに/ ～はずだった（のに）	① 认为"本应该……"，表示原本确定的事情出现了问题或变化，打乱了原有计划。 例：おかしいな。（王さんが）3時に着くはずなのに、まだ来てないね。もしかして事故でもあったのかな。 ② 认为"明明应该……"，带有懊恼、后悔等情绪。 例：スポーツ大会に出るはずだったのに、怪我で参加できなくて残念な気持ちでいっぱいだ。
～はずではない/ ～はずではなかった	凭借已有信息，认为事情本不应该是这样的，多带有质疑、懊恼或后悔等情绪。 例：必死に頑張ったのに、へたくそって言われちゃって…おれの人生、こんなはずじゃない！おれはもっと頑張らなきゃ！ 例：みんなが団結して頑張れば、きっとできるはずだ…こんなはずじゃなかった…

表3-1中的第一个句型「～はずだ」不管是结构上还是意思上，都较为简单，因此误用很少。第三个句型「～はずなのに/～はずだった（のに）」被认为较难掌握，从语义上来说，它表示的是"本应该……，但结果与说话人预想的不一致"，后面多跟不同于说话者预想的内容。「～はずなのに」是「～はずだ」「～のに」两个语法的结合，使用率不高。「～はずだった（のに）」则是「～はずだった」与「～のに」的结合，只能用于事情已经发生的场合，语气中带有对现有状况的不理解、不认可。

3.2　学习者对"应该"和「はずだ」的理解

3.2.1　教科书讲解

在翻阅了《新编日语（重排本）》4册书之后，笔者发现教科书主要涉及与「はず」相关的3个语法点，按导入顺序来排，依次为「～はずがない」→「～はずだ」→「～はずなのに」。「～はずではない」则未出现在教科书中。其中，「～はずがない」第一次出现在该套教科书的第3册，具体解释如下所示。

～はずがない

- 昔のことですから、こんな大きな動物を計るはかりなどあるはずがありません。

「～はずがない」接在活用词连体形后面，表示讲话者认为"不可能""不会"有某事发生。

- 田中さんは昨日頭が痛くて来られないと言っていたから、今日は来るはずがない。（田中昨天说头疼不能来，因此今天不会来的。）
- 悪いことをしたのだから、このままですむはずがない。（做了坏事，不可能就这样算了。）
- あんな高いマンションが買えるはずがありませんよ。（那么贵的公寓，不可能买得起的。）

「そんなはずはない」是惯用词组，用于强烈、明确否定对方所说的可能性。

- 「田中さんが来るそうですよ。」「そんなはずがない。」（"听说田中要来。""这不可能。"）
- 李さんがやっとのだと、みんな言っていますが、そんなはずはありません。（都说是小李干的，但这不可能。）[1]

形式名词「はず」

- それぞれのカードには特典があるはずだが…

「はず」接在「名詞＋の」、形容词、形容动词的现在时和过去时，以及动词现在、过去时和持续体后面。

i. 表示讲话者的判断。这种判断以迄今了解的事实为基础，有一定的依据。

---

[1] 周平，陈小芬. 新编日语：第3册［M］. 重排本. 上海：上海外语教育出版社，2016：96.

第3章 "应该……"对应的日语表达
——为什么「＊自分の母語が美しい言語だと思わないはずではない」是错句?

> - 今日は日曜日ですから、どこでも休みのはずです。(今天是星期天,哪儿都在休息。)
> - 三時の飛行機だと言っていましたから、もうそろそろ出かけるはずです。(他说是3点的飞机,现在差不多该出发了。)
> - それぐらいのことは、子供でも知っているはずです。(那种事连小孩都知道。)
>
> ii. 表示讲话者可以理解、接受。过去时接「はずだ」还可以用于表示说话人原以为确定无误的事出现了问题,相当于汉语的"我确信""我记得""应该"。
>
> - あんまり勉強しなかったから、テストはうまく行かなかったはずです。(没有很好地学习,考试自然不会考得很好。)
> - 借りた本は全部返したはずなのに、図書館からまだ返っていないという連絡がありました。(借的书我记得全都还了,可是图书馆说还有没还的。)
>
> iii. 用「～はずだったが(のに)」的形式,表示事情结果与以为的不一样,感到意外、失望。
>
> - 先生の話では今日の講義は早めに終わるはずだったのに、10分もオーバーした。(老师说好今天讲课早点结束的,却延迟了10多分钟。)
> - 飛行機は11時に到着するはずだったが、2時間も遅れてしまった。(飞机预计11点到达的,却晚点了2个小时。)[1]

这3个语法点中最先导入的是「～はずがない」,此顺序明显不太合理。而且在这几个句型的讲解中,「はず」这个词都没有得到介绍。《明镜国语词典》将其解释为「ある道理や事情などから必然的に結論が導き出される意を表す。また、その結論がそれらに基づく根拠ある推定である意を表す」(从某一道理或情况推导出必然出现的结论,或基于一定根据而推导出结论)。「はず」一般不单独使用,必须在特定句型中才能实现其语法功能。但实际上对「～はずがない」和「～はずではない」的结构做出拆分,会更好解释。例如,把「(物/事)＋はずだ」理解为建立在客观事实上的推测,「～はずがない」则可以拆分为「『(物/事)＋はず』＋がない」,表示该推测不存在,也就是无法进行这种推测,语义进而演变为"不可能……""……没有可能性"。「～はずではない」的结构则应看作「『(物/事)＋はず』＋ではない」,表示现有状况与推测不符,也就是对「はず」前的内容提出质疑,语义进而演变为"不应该是……"。因此,如果先

---

[1] 周平,陈小芬. 新编日语:第3册[M]. 重排本. 上海:上海外语教育出版社,2016:168-169.

解释清楚「はず」的意思，再分析相关句型的结构，配上例句，最后加以一定的练习，学习者就会更容易梳理清这些语法点。

3.2.2 学习者习得情况

在过往的研究中，一些学者认为「～はずなのに」是一个难以习得的语法点。从教材导入时间点来看，日语专业的学习者是在升入大二年级不久后接触到的这个语法点，但笔者在实际教学中很少见到在「～はずだ」「～はずだった」「～はずがない」这三个句型上出错的学习者。为了验证这个语法的习得程度，笔者从就读于大二年级的学习者中随机选取了30人，对他们进行了翻译调查。句子主要如下[1]。

> ① 和她认识这么久了，我还从没听她说过家里的事情。虽说是好朋友，但总有些话题无法分享。在这一点上，我是理解她的。ⓐ但是留学这么大的事情她应该会跟我讲的呀，怎么会一声不吭地跑去美国呢？
> 译：彼女とは長い付き合いだが、家族のことはまだ一切聞いていない。親友だとはいえ、相手に知ってほしくないことはあるはずだ。この点に関しては、私は理解しているつもりだが、ⓑ留学のような大事なことは言ってくれるはずなのに、ひとこと挨拶もなくアメリカに行ってしまうなんて、信じられない。
> ② 我本来今天下午就能到家的，没想到大巴晚了两个多小时，现在只能再在学校待一天，等明天的车了。
> 译：今日の午後家に着くはずなのに、まさかバスが2時間以上遅れると思いもしなかったため、今はもうちょっと学校にいて、明日のバスを待つしかない。

上述两段话中的画线部分都可以用到第三个句型，都说的是本应该处于某状态或本应该实现某个目标、达到某个目的，但目前状况与自己所预计的不同。例①画线部分的意思是因为和她是好朋友，因此去美国这件事情，她本应该告知说话者一声。例②画线部分的意思是如果大巴没有晚点，那说话者本应该今天下午就可以到家。因此，这两个句子都带有懊恼、气愤等情绪，体现了说话者对事情未按自己的预想发展而产生的事与愿违感。调查结果显示学习者的表达大多没什么问题，ⓐ句有20名（约占66.7%）、ⓑ句有17名学习者（约占56.7%）使用了「～はずなのに」或者「はずだ

---

[1] ①②句均为笔者自拟例句。本书自拟例句的日语翻译均为笔者译出，后交由3名日语母语者进行修改和润色。以后的章节也是如此，不再一一说明。

——为什么「＊自分の母語が美しい言語だと思わないはずではない」是错句？

が」。此处各列出5例，后2例使用了其他说法。

ⓐ 但是留学这么大的事情她应该会跟我讲的呀，怎么会一声不吭地跑去美国呢？	• 留学という大きなことは、彼女は絶対に私に話してくれたはずですが、全然言わなく、アメリカに行ったのはどうしてでしょう。 • 留学のような大きなことについては、彼女は私に言わなければならないはずなのに、何も言わないでアメリカに行くのはなぜ？ • 留学というような大きなことなら、彼女はすぐに教えてくれるはずなのに、どうして黙ってアメリカへ行っちゃうの？ • 留学みたいな大事は絶対に言うべきでしょう？ • 留学のような大きいことはいつも私に話していたが、黙てて一人でアメリカへ行くなんて、信じられない。
ⓑ 我本来今天下午就能到家的，没想到大巴晚了两个多小时。	• 今日の午後、家に着くということだったはずなのに、なんとバスが2時間以上遅刻してしまった。 • 私は今日の午後はうちに着くことができるはずでした。バスが2時間遅刻とは思いませんでした。 • 今日の午後、家に着くはずなのに、バスが2時間遅れたと思わなかった。 • 午後に家に着くと思っていたけど、まさかバスが2時間あまり遅刻してしまった。 • 私はそもそも今日の午後にうちに到着すると思いました。まさかバスが2時間も遅れちゃった！

从较高的正确率可以看出学习者对于表示"本应该……"的「～はずなのに/～はずだったのに/～はずだった（けど/が）」这类说法并不陌生，学习者掌握得还不错。

● 3.2.3 「～はずがない」与「～はずではない」的区别

第4个句型「～はずではない/～はずではなかった」相对于其他几个句型，相关研究要少得多。高桥太郎（1975）指出，「～はずではない」在日常生活中出现得较少，一般更习惯使用「～はずではなかった」这一句型。张昕（2013）认为「～はずではない」运用于以下场景：「確認された

現実を命題として取り上げ、それは話し手の判断と異なる」（将已经发生的事实作为话题，表现其与说话者自身的判断不一致）。此外，张昕（2013）还利用日本国立国语研究所开发的现代日语书面语均衡语料库（以下简称 BCCWJ）[1]做了调查，调查显示「～はずではない」仅出现了 4 次，而「～はずではなかった」出现了 50 次[2]。对此，张昕（2013）指出，这是因为「ハズデハナイは、現実が確認された事柄について述べるものであり、結果が出てから発話していることが多い」，即「～はずではない」用来形容已经发生的事情，因此多使用过去时。

在实际应用中，大多数学习者对这个句型并不熟悉。一是因为教材中少有涉及，二是因为对于学习者来说，其语义并不那么容易理解。从句型来看，「～はずではない」是「～はずだ」的否定表达形式，因此，很多学习者误以为其意思是"按合理推测来看，应该没有……的可能"。前面已经提到，「はず」本身表示一种可能性，如果要表示没有可能性的时候，就需要将「～はずだ」变为「～はずがない」。而「～はずではない」则是对「はず」前面的内容做一个整体的否定，意思是不应该产生某种状态或某个结果。简单来说，「～はずがない」强调的是「はず」前面叙述的没有可能发生，而「～はずではない」强调的是「はず」前面叙述的不应该发生。例（5）和例（6）对话内容几乎相同，两个句型同样都合理，但其表达的意思有差别。

> (5) A：Bさん宛ての宅急便が届いたんだけど、段ボールが潰れちゃってて、中身丸見えだよ。
> B：ええ?! 潰れるはずがないよ。大切なものが入ってるから、丁寧に包んでってあんなに言ってたから。
> A：いや、ほんとだよ。今すぐ確認したほうがいいと思う。
> B：そんなことないはずだけどな。

---

[1] 该语料库由日本国立国语研究所开发，包含了出版、图书馆和特殊类型文本三个子库，其中收录了日本国内出版的书籍、杂志、报纸，以及东京都所有公立图书馆中收藏的书籍等文字语料，收录词汇数量高达 1 亿以上，是目前日本规模最大的书面语语料库，简称 BCCWJ（Balanced Corpus of Contemporary Written Japanese）。其网站为"少纳言"和"中纳言"。本书来自 BCCWJ 的例句均附上该语料编号，如"PB41_00053"。

[2] 调查对象包括了缩略形式「～はずじゃない」和「～はずじゃなかった」。

第3章 "应该……"对应的日语表达
——为什么「＊自分の母語が美しい言語だと思わないはずではない」是错句？

> （6）A：Bさん宛ての宅急便が届いたんだけど、段ボールが潰れちゃってて、中身が丸見えだよ。
> B：うっそー！大切なものが入ってるから、丁寧に包んでってあんなに言ってたのに。
> A：今すぐ確認したほうがいいよ。
> （確認したあと、Bが段ボールを見て…）
> B：ほんとだ。輸送中に潰れるはずじゃなかったのに…しかも浸水しちゃってて、中の本がぐちゃぐちゃだよ。

例（5）说的是B在亲眼看到快递包裹之前，按自身所掌握的信息——"已经反复叮嘱过快递发出方要细心打包"来进行下一步的推测，得出应该不会被损坏的推断，于是发出了「潰れるはずがないよ」的感叹。例（6）是B在亲眼确认被损坏的快递包裹之后，觉得事情本不该这样，「輸送中に潰れるはずじゃなかったのに」的语气中不夹杂推断成分，是B亲眼看到损坏的快递包裹后发出的质疑。由此可知，「～はずがない」更多用来表示个人基于某些信息而推断某事无发生的可能性，但这件事是否真的发生则不得而知。「～はずではない」是对既有事实产生的质疑，事情已经实实在在发生了，说话者只是心理上无法接受。

当然，「～はずではない」也可以用在虚拟语境中，用来表示尚未发生的事情。下面这篇来自日本雅虎新闻的报道，主要讲述的是日本东京都知事小池百合子在2020年年末针对年轻人提出了新冠疫情防疫要求。小池百合子指出他们不能仗着自己年轻、免疫力强而随意出门或聚集。画线部分「こんなはずじゃなかった」[（我们的生活/健康状况）本不该是这个样子的]说的是等到事态严重时再当马后炮不可取。在这篇报道中，小池百合子设想新冠疫情继续扩散、不断严重后年轻人的心境，因此「こんなはず」指的是还未发生的事情。

> **小池都知事、若者に「コロナ甘く見ないで」**
> **「こんなはずじゃなかった」では手遅れ**
>
> 2020/12/30
>
> 「若い人に特に申し上げたいことがあります」
>
> 　東京都の小池百合子知事は30日、緊急記者会見の中で、こう切り出す場面があった。小池知事は、「若者のみなさんは軽症や無症状、それから『若いから大丈夫だ』と思われがち」だとしつつ、若者でも入院したり、重症化したり、後遺症に悩む人が多くいると指摘。「こんなはずではなかった。そう思った時にはもう遅いんです。皆さん自身の将来を守るために、日々の行動を改めて見直してください」と呼び掛けた。
>
> 　小池知事は若者に向け、「コロナを甘く見ないでください。夜間の外出もしばらくはなし」と警告。「軽症、無症状のまま行動して、結果として感染が拡大すると、コロナ患者のために医療がさらにひっ迫します。ひいてはコロナ以外の救急医療や通常医療も圧迫されてくるのです。受けられるはずの医療が受けられなくなる。助かるはずの命が助からなくなる。だから、『若いから大丈夫』ではありません」と強調した。

3.3 "应该""不应该"对应的日语表达方式

　　汉语"应该""不应该"对应多种日语表达方式。马文静（2010）对汉语"应该"所对应的日语句型做了分类，笔者再在其基础上进行了简单的梳理，对表示推测的"应该"做了进一步细化。表3-2中表示推测的"应该"分为两种类型：一类是单纯表示推测，无论事情是否已经发生或尚未发生，说话者仅仅简单表示自身的看法和猜测；另一类是用质疑的语气对已经存在的事实表示怀疑，译为"本应该……"，即认为本应该达到某一状态或实现某一结果，但事实上并非如此。

第3章 "应该……"对应的日语表达

——为什么「＊自分の母語が美しい言語だと思わないはずではない」是错句?

表 3-2　与汉语"应该"相对应的日语句型

汉语"应该"的意义		对应的日语句型
表示义务 (必须……/不得不……)		～べきだ、～なければならない、～なくてはいけない/なくてはならない 例：你**应该**如实告知警察你所知道的事情。 译：自分の知っていることを正直に警察に言うべきだ。
表示劝告 (应该……/最好……)		～ものだ、～ことだ、～たほうがいい 例：明天的会议很重要，你**应该**提前30分钟到公司。 译：明日は大切な会議があるから、30分前に会社に着いたほうがいい。
表示推测	① 单纯对某事做出猜测或预测（应该/也许/大概）	～はずだ、～にちがいない、～に決まっている、～わけだ、～と思う、～だろう 例：他一直都很守时，今天**应该**也会准时参加会议的。 译：彼は時間に厳しい人だから、今日も時間通りに会議に出るはずだ。
	② 对既有事实表示质疑、猜疑（本应该/本可以）	～はずなのに、～はずだったのに 例：我**本应该**可以去国外旅游的，没想到新冠肺炎疫情这么严重，现在哪儿也去不了了。 译：海外旅行ができるはずなのに、新型コロナウィルスがこんなに深刻化しているとは思わなかった。もう、どこにも行けなくなってしまった。

与此相对，"不应该"所对应的日语句型如表 3-3 所示。表示推测的"不应该"同样分为两类：一类表示单纯的猜测、推测；另一类表示说话者对于眼前已经发生的事情，内心难以接受或不想面对，于是发出了"本来不应该……""怎么会……"的感叹。

表 3-3　与汉语"不应该"相对应的日语句型

汉语"不应该"的意义		对应的日语句型
表示禁止 （不应该……/ 不可以……）		～べきではない、～なければならない、～なくてはいけない、～なくてはならない
		例：你<u>不应该</u>沉默，你应该站出来说出真相。 译：黙るべきではない。本当のことを打ち明けるべきだ。
表示劝告 （不应该……/ 不可以……/ 最好不要……）		～（ない）ものだ/～ものではない、～（ない）ことだ/～ことではない、～（ない）ほうがいい
		例：你<u>不应该</u>用那种口气跟父母说话。 译：親に対してあんな口調で話すものではない。
表示推测	① 单纯对某事做出猜测或预测（应该没有/肯定没有）	～はずがない、～（ない）にちがいない、～（ない）に決まっている、～（ない）わけだ、～（ない）だろう
		例：连灯都是关着的，这个点他应该不在家吧。 译：電気もついていないし、この時間じゃ、彼が家に着いているはずがないよ。
	② 对既有事实表示质疑、怀疑（本不应该/怎么会）	～はずではない/～はずではなかった
		例：我们明明可以拿冠军的，怎么连决赛都没进呢？事情<u>不应该是这个样子的</u>…… 译：俺たち一位が取れるはずだったのに、決勝戦にも入らなかったとはどういうことか。こんなはずじゃなかった…

综合上面的两个表格可知，汉语"应该""不应该"可以表示多种意思，对以汉语为母语的学习者，特别是日语初级学习者来说，很容易混淆，这就要求教师在教学过程中必须严格区分并加以详细讲解。接下来，笔者列举出日常教学过程中遇到的学习者出现的误用。

3.3.1　学习者对「～はずではない」的理解

误用①出现在大二年级的一名学习者写的一篇读后感中。文章中提到虽然日本社会提倡节约资源，但现实不尽如此，在平时的生活中并没有彻底贯彻这一理念。从画线部分可以看出，学习者对「～はずではない」出现了错误的理解。

第3章 "应该……"对应的日语表达

——为什么「＊自分の母語が美しい言語だと思わないはずではない」是错句？

> 误用①
> 　私たちは資源や食べ物が豊かな時代に生きています。世界中で貧しすぎてご飯が食べられたい人達もいますけど、私たちは、その感覚を本当に経験したことがないから、普段から本当には「もったいなくない」生活ができません。つまり、人々は頭の中に「無駄しないように」という認識がありますけど、実際にやって見るのはかなり難しいです。それは現代社会にはほしいものをすぐに安価で手に入ることができるからです。＊<u>なんと言っても、「もったいない」はいつの時代になっても、ただの認識はずではありません</u>。実際に節約をやってみれば、残したものが想像以上多いに違いありません。では、いまから「もったいない」を行動に変えましょう。

　　通过上下文，可以看出学习者想要表达的是不管在哪个时代，"节约资源"这个理念都不应该仅停留于思想意识层面，还应该切实落实到行动上来。问题出在"不应该"这个表达上。此处的"不应该"指的是从社会发展角度而言，人类必须合理、有效地利用资源，"不应该"浪费资源。因此，这里说的是浪费资源不被允许、不被原谅或不被期许。学习者的思维误区在于没有正确理解「〜はずではない」的意思，误认为可以表示不被允许的"不应该"。正确的说法是「なんと言っても、『もったいない』はいつの時代になっても、ただの認識レベル<u>にとどまるわけにはいかない/にとどまってはいけない/にとどまってはならない</u>」，当然也可以不使用某个固定的句型，「認識レベルにとどまるだけでは足りない」「認識レベルにとどまってはいけない/とどまってはならない」这类句子也足可以表达相同的语义。另外，「〜わけにはいかない」和「〜てはいけない/〜てはならない」等句型还可以表示外界施加的压力。误用②是从大二年级学习者所写的感想文中摘选出的片段。

> 误用②
> 　夏目漱石はアイラブユーをつきが綺麗ですねと訳した。この翻訳は日本語特有の境地や美しさを体現しています。作者はこんな日本語の美しさに惹かれ、虜になって、日本語が世界で一番美しい言語だろうと思います。
> 　私は言語と文化の関係を考えずにはいられない。ほとんどの人は自分の母語が一番美しい言語だと思っているはずです。＊<u>自分の母語が美しい言語だと思わないはずではない</u>。なぜですか？母語をベースにした文化なので、今の私達を形作

> りました。だから他の言語で自分を表現すると、いつも母国語より良くないと思います。今の私は、日本語で長い文章を書く能力はまだないです。しかし、中国語で書くと、きっと日本語よりずいぶん上手になると思います。中国語は私の母語ですから、できるだけ中国語の自分の考え、感想を書いたほうが私にとって便利です。

学习者所读的文章讲述的是日语的语言技巧，指出不同于英语表达的直截了当，日语多采用婉转的说法，有一种隽永之美。这篇感想文主要说的是每个人都对自己的母语有所偏爱，因此写下了「＊自分の母語が美しい言語だと思わないはずではない」。这个句子很明显不符合语法，乍一看无从猜测说话者究竟想表达什么意思。但只要结合之前提到过的学习者对「～はずではない」的错误理解，就可以推断出学习者实际上想表达的是"应该所有人都认为自己的母语是最美的语言，不应该会认为自己的母语不美"。换成汉语，后一句话虽然比较拗口，但不算错句。将其翻译为日语时，最好表达为「自分の母語が美しいと思う人がいるはずがない／自分の母語が美しいと思わないはずがない」，或者直接说成「自分の母語が美しくないと思う人がおそらくいないだろう」等。

前面已经提到教材中未对「～はずではない」做出讲解，因此，这也就意味着学习者只能靠自然习得来掌握「～はずではない」的用法。他们该如何表达对现实情况不认可、不理解的"不应该"呢？笔者再次针对大二、大三、大四3个年级各20名学习者做了测试，请他们翻译以下3个句子。

> ③ⓐ事情不应该是这个样子的，我们队实力这么强，大家也都很看好我们的队，怎么连决赛都没进呢?!
> 译：こんなはずじゃなかった！うちのチームは実力も強いし、しかもみんなに期待されているし、決勝戦にも入れなかったとは、信じられない…
> ④他也没做错什么事情，只是说了大家想说却不敢说的话而已，现在竟然让他一个人来承担责任。ⓑ事情不应该发展到这个地步的！我们应该早点向上级反映问题，而不是拖拖拉拉！
> 译：彼は別に悪いことをしたわけじゃない。みんなが言いたかったことを言っちゃっただけなのに、彼一人に責任を負わせるとはどういうことだよ。こうなるはずじゃなかった！最初からぐずぐずしないで、いち早く上司に問題を報告すべきだった！

第3章 "应该……"对应的日语表达
——为什么「＊自分の母語が美しい言語だと思わないはずではない」是错句？

> ⑤ 学习、工作进展不顺利的时候，我想大家都会情绪低落。不过今天我想问问在座的各位，在经历大的失败过后，有没有产生过"ⓒ我的人生本不该是这样子的"这样的感受？
>
> 译：勉強、仕事がうまくいかないときに、落ち込むのは当たり前です。しかし、今日はみなさんに1つお聞きしたいと思いますが、大きな失敗をしたとき、<u>「私の人生、こんなはずじゃなかった！」</u>とでも思ったことがありますか。

结果表明，除极少数大四学习者准确运用了「〜はずではない」之外，大二、大三学习者误用的概率相当高。下面以从低年级到高年级的顺序依次列出了大二、大三、大四学习者的翻译。

> ③ a. <u>事情不应该是这个样子的</u>，我们队实力这么强，大家也都很看好我们队的，怎么连决赛都没进呢？！
>
> 译：
> 大二学习者
> • <u>結果はこんな様子じゃない！</u> 強いメンバーが集まっているし、みんなから期待されてきたし、なんで最終試合に入れなかった？
> • <u>＊このようにするべきではありません</u>。私のチームはこんなに強くて、誰もわたしたちに期待をしています。なぜ私たちは決勝に進出しなかったのですか。
>
> 大三学习者
> • <u>こんな結果は許さない</u>。うちのチームはみんなに期待されていて、実力持っているのに、結局決勝戦に進めなかったなんて！
> • <u>うそだろう</u>。実力がこんなに強くて、ずっと素晴らしいチームとみんなに見られているので、まさか決戦に入らないのはびっくりだね。
>
> 大四学习者
> • <u>こんなことになったはずじゃない</u>。うちのチームは強くて、皆さんに高く評価してくれているのに、どうして決勝戦までも行けなかっただろう。
> • <u>なんでこんな状況になった</u>。決勝にも進出しなかった。私たちのチームはとても強くて、優勢だとみなされているのに。
>
> ④ 他也没做错什么事情，只是说了大家想说却不敢说的话而已，现在竟然让他一个人来承担责任。b. <u>事情不应该发展到这个地步的</u>！我们应该早点向上级反映问题，而不是拖拖拉拉！

85

译：

大二学习者

- 彼は悪いことをしていない。みんなが言いたいけど、言えないことを言っただけで、彼一人で責任を担当するのはけしからん。＊こんな状況になるべきじゃない！早く上司に報告しなければならなく、ここで待っている場合じゃない。
- 皆が言いづらいことを言っただけで、特に何も悪いことをしていないじゃん。彼一人を非難すべきでない。＊ここまでじゃない。のらりくらりするより、早速上級に報告するんだ。

大三学习者

- 彼は何も間違っていない、ただ誰が言いたいのに言えないことを言っただけで、今は彼一人で責任を取らせるなんて、＊ここまで進行するべきではない。私たちは先延ばしにしないで、もっと早く上役に問題を報告する必要がある。
- 何も悪い事をしていたわけではない。皆が言いたくても言わない事を言っただけなのに、その責任を彼一人で取らせるなんて、?こんなことになってはいけない。何度も何度も先延ばしにするのではなく、もっと早く上司に対応すべきだった。

大四学习者

- 彼は別に悪いことをしたわけではないし、ただみんなが言いたかったことを言い出しちゃっただけだ、すべて彼の責任となるなんて、こうなるはずじゃない！ここでくずくずするよりは早く上司に事情を伝えるべきだ！
- 彼は誰も言いたいことを言っただけなのに、全責任を一身に引き受けさせられるなんかひどいじゃないですか。＊こんな状況までになるべきではない。先延ばしにではなく、もっと早く上層部に伝達するべきです。

⑤ 学习、工作进展不顺利的时候，我想大家都会情绪低落。不过今天我想问问在座的各位，在经历大的失败过后，有没有产生过"c. 我的人生本不该是这样子的"这样的感受？

译：

大二学习者

- 勉強、仕事が思った通りじゃないときは、だれでも気分が悪くなると思います。でも、今日はここにいるみんなに聞きたいです。大きく失敗したあと、「私の人生はこんな感じじゃない」という感じはありますか。
- 勉強も仕事もうまく進行できないとき、人間は必ず悲しくなるでしょう。では、ここで皆さんに1つ質問をします。大きい失敗が出たとき、みなさんは、「どうして私の人生はこうなの?」と思ったことがありますか。

第3章 "应该……"对应的日语表达

——为什么「＊自分の母語が美しい言語だと思わないはずではない」是错句？

> 大三学习者
> - 勉強も仕事もうまく進まないとき、だれでも落ち込むと思います。しかし、大きい失敗のあとで、みなさんは「どうして私の人生がこんな感じになってしまったんだろう」と疑ったことがあるでしょう？
> - 勉強、仕事が順調に進めないとき、みなさんは落ち込むでしょう。でも、今日ここにいるみなさんは、大きい失敗が訪れたとき、「＊人生、こんな感じになるべきではない」という感覚を経験したことがありますか。
>
> 大四学习者
> - 勉強と仕事がうまくいかないときに、さぞだれでも苦しい境地に陥るでしょう。ここで皆さんに聞きますが、何か大きな失敗を経験した際に、「もともと私の人生は、こうなるべきじゃなかった」と思ったことはありますでしょうか。
> - 勉強、仕事がうまく行かないときに、だれでもネガティブな気持ちになるでしょう。でも、ここに集まっているみなさんに質問をしたいです。大きい失敗を経験したあと、みなさんは「＊私の人生がこんな状況になりたくない」と思ったことがありますか。

在参与测试的 60 位学习者中，使用「～はずではない」的仅有大四的两名学习者，其他人用了「～てはいけない」「～べきではない」等句型。三个汉语原句的画线部分表达的都是说话者的判断与现状相悖，从而引发了说话者不愿意承认/面对事实的心理。因此，用「～はずではない/～はずではなかった」既能完整表达原意，也能表达出说话者不甘愿、不认可的意味。对于例③a 中的"事情不应该是这个样子的"的翻译，仅有 1 名学习者用到了「～はずではない」。虽然「ありえない」也能表达相同的语气，但笔者认为这种表达是因为学习者找不到更准确的词句后而采取的下策。「～べきではない」也是出现较多的一种句型，前面一般接表示意志的行为，与他动词进行搭配，表示不应该做某事。「このようにするべきではありません」说的是"不应该这么做"，强调的是行为本身的不合理，而不是现在的结果不够让人信服。在例④b 的翻译中，有 1 名学习者选择了「～はずではない」，其他表达如「こんな状況になってしまったとは…」也能表达原本的意思，但与原句算不上对应。另外，有 3 名学习者选择了「～べきではない」「～てはいけない」这类表示禁止、不允许的句型。在例⑤c 的翻译中，这些表达能大致表达出原句"我的人生本不该是这样子的"语气，但在对应精准度上仍有很大差距。

此次调查中，大四学习者用到「～はずではない」的人数极少，但学习者在语法上已没有太大问题，此处仅对大二、大三学习者的表达做介绍。从整体来看，两个年级的学习者均未使用「～はずではない／～はずではなかった」。大多数学习者将它们替换为相近含义的句型，如「～てはいけない」「べきではない」等。另外，大二学习者倾向于使用较为简单的句型，如「こんな状況になったら大変だ」「今の状況はどうしても信じられない」等。在后续访谈中，学习者也表示"似乎从来没有留意过该怎么表达这样的意思""完全想不起来有哪个句型可以对应，只能选择意思相近的说法"，而对于「～はずではない」这个语法点，用了这个句型的大四年级学习者表示"好像曾经在哪里见到过，但很少用到"，未用这个句型的学习者们则表示"没什么印象""好像看到过，却从来没用过"。

　　由此可见，将「～はずだ」错误理解为"义务"的学习者很少，「～はずではない／～はずではなかった」使用场合不多，是学习者的盲区之一。例如，学习者会将"事情不该是这样子的"的"不该"误译为「～べきではない」「～てはいけない」，或者对「～はずではない」的意义和用法理解错误。从这些表达可以看出，因为接触机会少，学习者不得不依靠自然习得，因此出现了一系列的认知偏差。这也给了日语教师一定的启示，教师在讲解表示"应该""不应该"语法点时，需要特别留意把这几个语法点区别开来，并让学习者多加练习和巩固。

3.3.2 「～はずだ」的冷门用法

　　在之前的介绍里已经对「～はずだ」做了详细的介绍，本章的最后再对它的一个较为冷门、容易被忽视的句式做介绍。

ことばの変化とゆれ

（明星大学人文学部日本文化学科　ことばと文化のミニ講座　抜粋）

ところで、「ことばは変化する」ということを今確認しましたが、この場合の「ことば」は「言語」全般のことであり、自分が使っている具体的な言語を思い浮かべることも多いでしょう。その具体的な言語には数多くの単語や表現が存在します。<u>実際に感じ取られることばの変化とは、個々の単語や表現の変化のはずです</u>。例えば、高校での古典の授業で、古語「うつくし」「おどろく」が現代語の「うつくしい」「おどろく」とは意味（語義）が異なることを習ったという人も多いでしょう。「うつくし」は＜かわいらしい＞、「おどろく」は＜目が覚める

第3章 "应该……"对应的日语表达

——为什么「＊自分の母語が美しい言語だと思わないはずではない」是错句？

> ＞という意味で、かつて使われていました。ここにははっきりとした語義の変化を見ることができます。また、現在は「あたらしい（新）」という言い方になっている語は、かつては「あらたし」というかたちで表現されていました（「あらたな」という連体詞はその名残とも言える語です）。明治期にはハンケチと言われたものが、現在ではハンカチが主流となりました。このほかにも、言い方の違い、つまりことばのかたちに変化が生まれている語は他にもたくさん挙げることができます。
>
> 　一方、変わらずに使い続けられている単語や表現も少なくありません。むしろ、その方が大多数を占めます。例えば、「やま（山）」「いきる（生）」「ふかい（深）」などは文献が残されている奈良時代頃から基本的には同じ使い方で使われています。「試験のヤマをはる」「（野球で）一塁に生きる」「深い味わい」などのように、他のものごとへ応用した用法は追加されましたが、＜陸地のうちで表面が著しく高く盛り上がった部分＞＜自律的な営みとして運動・呼吸や活動を続けてこの世に存在する＞＜底や奥までなかなか届かないさま＞という意味はずっと変わらずに使い続けられています。改め言うことではないかもしれませんが、ことばは簡単に変わるものでもないことも押さえておかなければなりません。そうそう簡単に変わってしまっては意志疎通も難しくなりますから。
>
> 　ことばは変わるものだけれど、簡単には変わらない。そうなると、どう変わるのか、何故変わるのかを把握することがやはり大事だということになります。[1]

第一段的主旨是说语言的变化体现在细节上，我们所能感受到的语言变化都来自「個々の単語や表現の変化」（单个词语和表达的变化）。细究画线部分的「～はずです」，可以发现作者并没有表达猜测的意思，相反，作者的语气是比较笃定的。笔者试着翻译了这一整段，如果在画线部分的句子中加入"应该"，变成"实际上我们感受到的语言变化，应该指的是单个词语和表达的变化"，从上下文的逻辑来说，句子反而显得不自然。

> 　这里说的"语言"指的是语言整体，我们也许多半会想到自己所使用的具体的语言。而这些具体的语言中又存在大量的单词和表达。<u>实际上我们感受到的语言变化，指的就是单个词语和表达的变化。</u>
>
> 　例如……（下略）

---

[1] 转引自：https://www.jc.meisei-u.ac.jp/action/course/080.html。

与之前所讲的「彼はまじめな人だから、時間通りに来てくれる<u>はずだ</u>」相比，这段话里猜测的语气要弱了许多。对此，笔者让10名大二下学期的学习者阅读了这段材料，其中有半数的人对这里的「～はずです」表示出"不好理解""如果让自己表达相同意思，肯定不会用「～はずです」"。我们可以认为这里的「～はずだ」虽然也可以被视为作者的假设，但作者对于自己做出的判断是比较确信的。也就是说，除了之前提到的单纯推测之外，「～はずだ」还可以用来表示笃定的判断。

3.4 小 结

本章主要关注「～はずだ」的几个引申句型「～はずがない」「～はずだった」「～はずではない」。首先，通过调查发现初级日语学习者经常出错的句型为「～はずではない」。主要原因有两点：一是不理解句型结构，二是现有教材几乎未做过讲解。其次，通过比较「～はずだ」与汉语"应该"，对表示推测和义务的"应该""不应该"所对应的日语句型做了分类。并根据学习者对「～はずではない」的掌握情况做了调查，发现学习者没怎么掌握，且极容易将这一句型与「～べきではない」「～てはいけない」混淆。最后，从日语教学的角度对「～はずではない」在初、中级日语语法体系中的导入给出了建议。

第4章
授受表达「～てもらう」

——该怎么表达"朋友让我去他家里玩"？

4.1 「～てもらう」的语义

　　授受表达是日语语法的重点。堀口纯子（1984）曾指出，授受表达除了表示物的授予与接受外，还可以表示对他人的要求、请求，语义中隐含着人际交往中的恩惠转移，体现日本人特有的恩惠意识。这种微妙又独特的语义对学习者提出了高要求：不仅要从语言层面上正确使用相关表达，还要理解日本人的心理、日本社会的等级关系和人际交往准则。授受表达可以分为授受动词和授受补助动词两大类，其中，「あげる」「やる」「さしあげる」「くれる」「くださる」「もらう」「いただく」为授受动词（也可称为「やりもらい動詞」），这些动词又有补助动词，分别对应「～てあげる」「～てやる」「～てさしあげる」「～てくれる」「～てくださる」「～てもらう」「～ていただく」（丰田丰子，1974；庵功雄等，2001）。

　　多年以来，学界已经对授受关系的相关表达进行了大量的讨论。本章主要关注「～てもらう」及其引申句型的习得情况。笔者从众多授受表达中选择了「～てもらう」，主要是因为其语义复杂，对于初学者来说，难度较大。关于其语义分析，目前研究众多，本章选取了最具代表性且被引用得最多的两位学者——益冈隆志（2001）和山田敏弘（2004）的观点。益冈隆志（2001）指出，「～てもらう」表示的是一种恩惠转移关系，可以分为「～使役型てもらう」「～受动型てもらう」这两个类型。前者表示的是

「動作主体に働きかけてその動作から恩恵を受け取る」（向动作主体发出请求，并从其行为中获益），后者表示「動作主体へ働きかけずその一方的な動作から恩恵を受け取る」（未向动作主体发出请求，仅从动作主体单方面的行为中获益）。例如，例（1）说的是说话者要求对方辞去代表这一职位，此处的「代表の座を辞めてもらう」可替换为使役句型「代表の座をやめさせる」。从深层句意来看，例（1）中对方辞去代表这一职位的行为会让说话者或说话者所在的集体获益。例（2）中的「楽しんでもらった」不带有请求或拜托的含义，而是从他人的行为中获益，相当于被动态的「相当数の方に楽しまれた」。

> (1) そうであれば、代表の座を辞めてもらうしかない。
> (2) 衛星放送などで見た方を含めると、相当数の方に楽しんでもらったと思う。［益冈隆志，2001（28）］

山田敏弘（2004）从语义上对「～てもらう」进行了分类，将其分为「依頼的テモラウ受益文」「許容的テモラウ受益文」「単純受影的テモラウ受益文」3类。第一类指的是「事態に対して作用を及ぼす意図があり、実際の積極的作用もある」（说话者希望对方进行某种行为，实际上也对对方提出了相关要求），第二类是「事態に対して何らかの意図はあるが、実際の作用はない」（说话者希望对方进行某种行为，但并未提出相关要求），第三类是「事態に対して意図も実際の作用もない」（说话者从意图和实际行动上都没有刻意促成事态的发展）。例（3）中说话者不仅在心理上希望「あの人」辞职，实际上为了达到这一目的也发起了请求或做出了相应的努力。例（4）指的是虽然说话者未对「彼」提出要求，但内心是希望对方辞职的，且采取了默许的态度。例（5）中，直子虽然内心希望对方辞职，但从未在态度和行动上表现出来，「～てもらった」指的是对方单方面的行为给直子带来了一定的益处，而「思いがけなく」也体现了对方行为给直子带来的意外感。

> (3) 私の気持ちが分かっているのであれば、私があの人にわざわざ<u>辞めてもらった</u>ことをどう思っているか分かろうというものだわ。
> (4) 彼の方から辞めたいと言ったのであって、わたしはそのまま何も言わず<u>辞めてもらった</u>だけなのよ。
> (5) 辞めてほしいと思っていた人に、思いがけなく<u>辞めてもらったことで、直子は少しは気も晴れた。
>
> 〔山田敏弘，2004（121—122）〕

由于山田敏弘（2004）的分析更为详尽，因此本章沿用其观点。授受表达是日语学习者在初级阶段就必须掌握的语法点，「～てもらう」更是重中之重。从习得难度来说，除了语义复杂之外，在句法结构、表达习惯上与汉语也有较大差异，「～てもらう」很难找到固定的对应的汉语表达。一般来说，在表示拜托对方、提出请求的句子中，「～てもらう」可译为"让""请""要""要求""找"等，如「友だちに引越しを手伝ってもらった」就对应了多种表达方式，可译为"请/找/让朋友帮我搬家"。而「お忙しいところなのに、送別会まで開いてもらってありがとう」则需要译为"你都这么忙了，还特意为我举办欢送会，感谢"，这样才更符合汉语的表达习惯。日语学习者必须根据说话者所处的语境来具体分析「～てもらう」的用法，因此，从日语习得层面而言，「～てもらう」并不简单。而在我们的日语教学中，基本上只提到了「～てもらう」表示拜托、请求的用法。至于学习者对其他语义是否了解，笔者首先确认了《新编日语（重排本）》的讲解，再对学习者进行了一个小规模的调查。

4.2 教科书讲解和学习者习得情况

一般来说，授受动词和其补助动词会作为独立的知识点分开讲解。在《新编日语（重排本）》中，授受动词「あげる」「もらう」「くれる」是在第1册第13课中导入的，补助动词的「～てあげる」「～てもらう」「～てくれる」出现在了第2册第6课。这两册书对「もらう」和「～てもらう」

的介绍[1]如下所示。

もらう

「あげる」「もらう」「くれる」是表示授受关系的动词。除这三个动词外，表示授受关系的动词还有「さしあげる」「やる」「いただく」「くださる」。

"授"是给予，"受"是接受。现代汉语无论谁给谁都用动词"给"来表示，日语则要复杂的多。在运用授受动词时，既要考虑是授予者还是接受者，又要考虑他们之间的尊卑关系。

（1）甲は乙に…をあげる（差し上げる・やる）。（略）

（2）乙は甲に…をもらう（いただく）。

与（1）不同的是，（2）的表达方式是接受者作主语，授予者作补语，用「に」或「から」表示。这种表达方式的授受动词有两个，一个是「もらう」，用于平辈之间、社会地位相同的人之间，或接受者的地位高于授予者的场合。反之，接受者的辈分或地位低于授予者时，要用「いただく」。但是，一般向他人讲述从自己父母、哥哥那儿得到什么，无须用「いただく」。

- いまお父さんから電話をもらいました。（刚才接到了父亲的电话。）
- アルバイト募集センターから申込書をもらいました。（从勤工俭学招收中心拿来了报名表。）
- 昨日山田先生から手紙をいただいた。（昨天我收到了山田老师的来信。）

（3）甲はわたしに…をくれる（くださる）。（略）

～てもらう

表示授受关系可以使用动词和补助动词。一般授受动词表达的是物的授受（参考第1册第13课），授受补助动词表达的是行为的授受。

（1）甲は乙に（动词连用形）てあげる（やる・さしあげる）。（略）

（2）甲は乙に（から）（动词连用形）てもらう（いただく）。

- 趙さんに記念写真を撮ってもらいました。
- 蔡先生にはごあいさつをしていただきました。

句型（2）与句型（1）相反，表示的是甲接受乙所做的事。甲是接受者，用「は」提示。乙是授予者，用「に」或「から」提示。乙为甲所做的事用「て」前面的动词表示。这个句型有「～てもらう」和「～ていただく」两种表达方法。「～ていただく」是「～てもらう」的谦语，一般用于乙比甲辈分、职务、社会地位高，或

---

[1]《新编日语（重排本）》第1册一次性导入了3个动词和它们的敬语表达形式「さしあげる」「いただく」「くださる」等，第2册导入了补助动词3个句型及其自谦语、敬语表达方式「～てくださる」「～ていただく」。此处仅选取授受动词「もらう」，补助动词「～てもらう」和其自谦语表达「いただく」「～ていただく」的介绍。

乙是甲所尊敬的人的情况。叙述家庭成员之间的授受关系时用「～てもらう」。
- 李さんに本を貸してもらいました。(我请小李把书借给我。)
- 高さんはお医者さんに診察してもらいました。(小高请医生看病。)
- 先生にもう一度説明していただきました。(我又请老师说明了一遍。)
　(3) 甲はわたしに（动词连用形）てくれる（くださる）。(略)

由上可知，教科书上关于「もらう」和「～てもらう」的讲解主要关注的是表示请求和拜托意思的「～てもらう」。配以一定量的练习，学习者在理解上应该没有问题。当然，已有许多研究指出初级学习者很难转换思维，在表现相同的场景时，「もらう」和「～てもらう」的使用频率要比日语母语者低得多（渡边亚子，1996；武村美和，2010）。而另一方面，「～てもらう」的「許容」「単純受益」这两个用法没有提及。

于是，笔者针对大一、大二各20名学习者进行了一个调查，让他们将下面5个日语句子翻译成汉语。这5个句子中，①③属于「許容的テモラウ受益文」，②④⑤属于「単純受影的テモラウ受益文」。

① 不器用な子だけど、黙々とがんばってきたんだから、このままいてもらっていいよ。
② 今日のゲームが大好評らしく、1年生にはかなり楽しんでもらったよ。
③ 行きたくないなら無理しないで。ここに残ってもらって大丈夫だから。
④ 一番苦しいときに、今の会社に拾ってもらった。
⑤ 彼とは普段から気が合わないけど、思いがけなく仕事を辞めてもらって、びっくりした。

这5个句子的对应翻译如下。

译：
① 他/她虽然笨拙，但一直都挺努力的，就让他/她继续待在这里吧。
② 今天的游戏反响很好，一年级的学习者都觉得很有趣。
③ 不想去的话就别勉强，你就待在这儿吧。
④ 在我最痛苦的时候，现在的公司收留了我，辞职什么的根本说不出口。
⑤ 虽然平时和他合不来，不过他突然辞职让我很意外。

再来看学习者的翻译，情况不那么乐观。40名学习者中有29人将「～てもらう」翻译为"请"或"让"。限于篇幅限制，此处仅列举部分误用

（表 4-1）。

表 4-1　学习者对「～てもらう」句的理解

例句	学习者的译文
①	虽然很笨拙，但是总是在默默地努力着，请他继续工作吧。 虽然是个笨孩子，但很努力，就像以前一样请他待在这里也可以。 虽然不聪明，但看在他一直默默努力的份上，让他保留原位吧。
②	今天的游戏大受好评，让一年级的学生们觉得很有趣。 今天的游戏评价很好，令一年级的学生觉得非常快乐。 今天的游戏非常受欢迎，令一年级的学生们乐在其中。
③	不想去的话就不要勉强，你留在这里也没问题。 不想去就别去了，请你留下吧。 不想去就不要勉强，请留在这里吧，没有关系的。
④	最辛苦的时候，被现在的公司抛弃了，所以无法说出辞职这样的话。 最痛苦的时候，让现在的公司帮了我，根本没法开口说辞职。 最辛苦的时候，被现在的公司捡到了。
⑤	平时就跟他相处得不愉快，现在让他辞职了，令我大吃一惊。 我平时就与他不和，没想到要他辞职这件事情，让我觉得很震惊。 和他一直不投缘，但是他的不辞而别让我颇为惊讶。

　　从上面列出的翻译可以看出，学习者习惯性地把「～てもらう」理解为表示拜托和请求的"让""请"，没能辨别出其他两个用法。「～てもらう」的3个语义中，"拜托"和"请求"语义使用得最多，也最为日常。目前看来，其他两个用法使用频率不算高，可以说已经被教科书遗忘。对进入中、高年级的学习者来说，这样势必会影响他们对「～てもらう」的理解。在大一导入这一句型时，讲解的是最基本的用法。进入大二或大三后，笔者认为有必要提及其他两种用法。

4.3　「動詞＋（さ）せてもらう」

　　在学完授受动词和其补助动词后，「動詞＋（さ）せてもらう」紧接着出现在了教材上。这一句型是动词的使役态与「～てもらう」的结合，表示的是自身行为希望得到他人的认可，意为"请允许我……"。在日语中，「動詞＋（さ）せてもらう」使用频率相当高，且常以「動詞＋（さ）せてもらえますか/もらえませんか/もらってもいいですか」等形式出现在疑

问句中，用提问的方式表达自身的意愿，并请求对方的许可。

4.3.1 教科书讲解

笔者在翻阅《新编日语（重排本）》4册书后，只找到了「～（さ）せていただく」这一句型的讲解，如下所示。

～（さ）せていただく

- これから、先生のお世話をさせていただくことになりました。

「～（さ）せていただく」也是敬语的一种表达方式，表示讲话人希望得到听话人认可，相当于汉语的"请允许（我）做……"。

- まことにご面倒ですが、乗車券を拝見させていただきます。（给您添麻烦了。请给我看一下车票。）
- じゃ、お先に帰らせていただきます。（那请允许我先告辞了。）
- まだ熱がありますから、今日も休ませていただきます。（烧还没退，所以请允许我今天再休息一天。）[1]

这一句型基本用于下对上的请求，如下属对上司、学生对教师、新人对前辈等的请求，语气十分客气、恭敬。笔者在翻阅《大家的日语》《标准日本语》等教科书后，发现这些教材也在初级较早的阶段导入了该语法点，并同步导入了疑问句形式「～（さ）せていただきますか」和「～（さ）せていただきませんか」。《中日交流标准日本语》中的相应介绍如下所示。

～（さ）せていただきます

使用频率较高，自谦程度高于「お/ご～します」。其构成方式为在动词使役形式的「て形」后面加「いただきます」。

- 早速、資料を届けさせていただきます。（我这就把资料给您送过去。）
- 明日、もう一度連絡させていただきます。（请允许我明天再跟您联络一次。）

非常礼貌地请求对方允许自己做某事时，可以使用「～（さ）せていただきますか」和「～（さ）せていただきませんか」两种形式。

- 頭が痛いんですが、帰らせていただけますか。（我头疼，能允许我回去吗？）
- 来週の水曜日、休ませていただけませんか。（下个星期三，我想休息一下，行吗？）[2]

---

[1] 周平，陈小芬. 新编日语：第2册 [M]. 重排本. 上海：上海外语教育出版社，2017：192.
[2] 日本光村图书出版株式会社. 中日交流标准日本语：初级（下）[M]. 2版. 北京：人民教育出版社，2013：266.

综合上述分析，可以看出现有教材更关注的是「～（さ）せていただく」本身与其疑问句形式。对于初级学习者，掌握最有可能用到的句型是首要任务。上述教材也是出于这个考量才较早地导入了这一句型，将其纳入初级语法体系。但同时我们也注意到，这里的讲解均未提及原句型「～（さ）せてもらう」。笔者认为原因有三个方面：一是从习得的必要性来说，「～（さ）せてもらう」的使用频率没有「～（さ）せていただく」高，「～（さ）せてもらう」算不上日语初学者的必学语法点。二是从习得难度来说，「～てもらう」和「～ていただく」的区别不大，只需要搞清楚「もらう」和「いただく」使用场合的区别即可。三是考虑使用场合，什么时候可以用、跟谁可以这么用都难以判断。例如，说话者与上司相处融洽，日常工作中甚至可以不使用敬语。向这样的上司提出要求时，用「～（さ）せてもらう」既不失礼貌，又不至于太过生分。但难就难在如何判断、界定自己与他人的关系是否可以用这一句型，尤其是对于日语学习者来说，不仅有语言习得本身的障碍，文化背景、思维习惯势必也会对其表达方式产生影响。综合考虑之下，使用「～（さ）せていただく」来向他人提出自己的请求，更安全更保险。这样一来，人际交往中的风险被完美地规避开。但同时，「～（さ）せてもらう」承担的语法功能也被忽视，只能依靠学习者的自然习得。

4.3.2 学习者习得情况

笔者针对大二和大三年级各 20 名学习者进行了调查，调查内容为将以下的汉语句子翻译为日语。

将下列句子翻译为日语。
⑥ 让我来说的话，我觉得你的方案不太适合这次活动，最好换个主题。
⑦ 在泰国，朋友让你去他家玩的时候，哪怕关系再好，也要带个小礼物。
⑧ 感冒差不多好了，明天开始公司终于让我去上班了。
⑨ 具体细节见面再聊吧，一定要让我听听你的意见啊！
⑩ 竟然能让我上电视，真是想都没想过。

此处对应的翻译如下所示。

第4章　授受表达「～てもらう」
―― 该怎么表达"朋友让我去他家里玩"?

> ⑥'私に言わせてもらうと、君の案は今回のイベントにふさわしくないから、やはりテーマを変えたほうがいい。
> ⑦'タイでは、友だちの家に遊びに行かせてもらうときに、いくら仲が良くても、プレゼントを持って行かなければならない。
> ⑧'風邪がだいたい治ったので、やっと明日から仕事に行かせてもらうことになった。
> ⑨'細かいことは会ってから話そう！絶対に意見を聞かせてもらってね！
> ⑩'まさかテレビに出させてもらえるなんて、考えたこともない。

当然，以上这5个句子也可以不用「～（さ）せてもらう」这一句型，替换为其他表达。如例⑥句画线部分可表达为「私に言わせると」「私から言うと」，例⑦句画线部分可以表达为「友だちの家に招待されたとき」，甚至可以表达为「友達が家に遊びに来てと誘ったとき」，例⑧句画线部分可以表达为「明日からやっと会社に行けるようになった」，例⑨句画线部分则可以表达为「ぜひ意見を聞かせてください」「ぜひ意見を聞きたい」，例⑩句画线部分可以表达为「まさかテレビに出られるなんて」「まさかテレビに出ることになって」等。这些日语表达尽管没有突出汉语原句的"让"字，但已经完全表达出了句意，且合乎语法。再来看学习者的翻译，40名学习者中无人用到「～（さ）せてもらう」这个句型。上面列出了学习者给出的部分表达，此处各列举5例（表4-2）。

表4-2　学习者关于「～（さ）せてもらう」的表达

汉语例句	学习者的译文
⑥	• 私はこの提案が今回の活動にちょっと似合わないから、別のを考えたほうがいいと思います。 • 私から見ると、君の提案は今度の活動に適合じゃないから、テーマを変えなければならないと思います。 • *私が発言としたら、あなたの提案は今回のイベントに適当じゃないから、ほかのテーマを考えたほうがいいと思います。 • *私にとっては、ご提案は今回の活動のテーマに適さないので、チェンジしたほうがいいと思います。 • *私に話させたら、お前の意見は今回のイベントに合わない。だから、少し主題を変えたほうがいいのではないか。

续表

汉语例句	学习者的译文
⑦	• タイの国において、<u>友だちにうちに遊びに来てね</u>と呼ばれたら、どんなに仲が良くても、プレゼントを連れていくべきです。 • タイランドの風習にとっては、友達とどんなに仲がいいとしても<u>お宅を訪ねる時お土産を連れていた</u>ほうがいい。 • タイでは、<u>友だちの家へ遊びに行くとき</u>、どんなに仲がいいと言っても、プレゼントは連れて行ったほうがいい。 • ?タイは<u>友だちが家に遊びに行かせる</u>とき、たとえ仲が良くても、小さいプレゼントを持って行かなければならない。 • ＊タイは<u>友達を家に遊びに行かせる</u>ときには、どんなに関係が良くなっても、お土産を持っていったほうが礼儀正しい。
⑧	• やっと風邪が大丈夫になりましたから、<u>明日から会社に行くことができる</u>。 • 風邪が大体よくなったから、<u>明日から会社が私に出社させるようになった</u>。 • 風邪がだいたい収まったので、やっと<u>明日から会社へ出社できるようになった</u>。 • ?風邪がようやく治ったから、<u>会社は明日から私を出勤させるようにした</u>。 • ?風邪が良くなったから、<u>明日から会社に行かせることになりました</u>。
⑨	• 具体的なことは会って話しましょう。必ず<u>あなたの意見を私に教えてね</u>。 • 具体の事情は会ったあとでしゃべりましょう。<u>絶対に意見をお聞きしたいですね</u>。 • 具体的なことは会ってから話しましょう。<u>必ず君の意見を聞かせてください</u>ね。 • ?具体なことは面会したあとで話そうね。<u>ぜひご意見を私に言ってください</u>いね。 • ?細かいことは実際に会ってから、またいろいろ話しましょうね。必ず<u>君のご意見を私に相談してみてください</u>。
⑩	• なんと<u>私がテレビに出られる</u>なんて、今まで思ったことがない。 • ?まさか<u>私にテレビに映らせる</u>ことは、考えもしない。 • ?まさか<u>テレビに上がらせる</u>のは、ほんとうに不思議だったね。 • ?まさか<u>私をテレビに呼ばれる</u>なんて、本当に考えたことがなかった。 • ?驚いたことに、<u>私をテレビに出させる</u>のが、本当に考えたこともない。

关于例⑥句的翻译，一半以上的学习者选择了回避"让我来说"这个

表达，替换成"我认为""在我看来"等。「私は」「私から見ると」「私から見れば」这类日语表达较为常见。最后一个表达「＊私に話させたら」则很明显受汉语思维的影响，语法上不成立[1]。将"让我来说"说成「私に言わせる」，日语中确实也存在「私に言わせると/言わせれば/言わせたら…」这样的说法。「私に言わせる」与「私に言わせてもらう」的区别在于前者为单纯的使役态，指这句话是在其他人的要求下说出的，后者可使用的语境更广，「私に言わせてもらう」暗含自己是在对方允许的前提下说的，语气更为客气、委婉。

例⑦句中，"朋友让你去他家玩"这句话直译为日语，可以对应为使役态的「友だちが家に遊びに来させる」。实际翻译中，也有近30％的学习者选择了使役态。但这样一来，日语和汉语在语义上便出现了一些偏差。曹冬雪（2009）指出，汉语的"让"字句有两个语义，一是"致使"（例如，这家超市的商品质量让人放心），二是"愿望"（例如，父亲让我学文科）。"朋友让你去他家玩"这句话中，"让"字体现的是朋友的愿望，也就是一种邀请，而非迫使。日语表达「友だちが家に遊びに来させる」体现的是朋友的要求，带有一种强迫感。因此，「友だちに遊びに来てねと呼ばれたら」这类被动表达反而要自然得多。「友だちの家に行かせてもらう」这一表达则明确体现了"朋友允许我去他/她家"的语义，这里的"允许"是客气的说法，因此此处可以使用被动态，也可以通过「～（さ）せてもらう」句型突显出受到邀请的意味。

例⑧句中，说话者由于感冒而不让去上班，病好之后才允许去公司。这里的"公司终于让我去上班"是公司允许说话者上班，且说话者本人也有上班的意愿。因此，使役态的「会社が出勤させる」不符合汉语语义。当然，「明日から会社へ行くことができる」这样的说法也未尝不可，但这种说法突出的是个人行为或个人能力，并没有体现公司的要求。「会社に行かせてもらう」则正好表达出了许可的语义。在后续访谈中，未使用使役态的多名学习者表示"能感觉到使役态不符合这里的语义""但又不知道到底该怎么说，只能避开"，由此可见学习者能意识到日语使役表达的"致使"语义不适合用于此处，但由于不熟悉「～（さ）せてもらう」的用法，

---

[1] 笔者将「＊私に話させたら」这句话交由5名日语母语者进行判断，5人均认为此表达不自然。

因此无法准确表达句意。

关于例⑨句的翻译，有8名学习者写出了「意見を聞かせてください」这一祈使句，虽然占比不高，但这一表达完全正确。大多数学习者仍然选择了中规中矩的直译法，如「必ずあなたの意見を私に教えてね/言ってね」，虽算不上误用〔1〕，但更为对应"一定要告诉我你的意见"这一汉语表达，"一定要让我听听你的意见"中的"让"则未能得到体现。例⑩句中，说话者对于自己能上电视这件事情明显感到意外且惊喜。使役态的「私をテレビに出させる」很明显不能体现这种惊喜感。与之前的答案类似，避开使役表达的学习者有6人，他们选择了「テレビに出られる」「テレビに呼ばれる」等说法。这些说法虽然都正确，但从"让我上电视"所体现的这一事件由电视台主导，说话者获得其许可而上电视的语义来说，精准匹配仍然是「テレビに出させてもらう」〔2〕。

综合上述调查，学习者容易混淆使役态「～(さ)せる」和「～(さ)せてもらう」。这两个句型均对应汉语的"让"，但其语义和语境大有不同。

4.3.3 「～(さ)せる」和「～(さ)せてもらう」与"让"的对应

一直以来，日语使役态的语义大致分为「強制」和「許可」这两大类（庵功雄，2001；早津惠美子，2015；等等）。如下面两个例句所示，例（6）的「拭かせる」表示的是母亲要求（命令）孩子擦窗户，孩子本人的想法未被关注。例（7）的「留学させる」则指的是孩子本人提出想要留学，父母同意了这一要求，允许其前往国外留学。

> (6) 母親が子どもに命じて窓ガラスを拭かせた。（強制）
> (7) 子どもが留学したいというので、1年間だけ留学させることにした。（許可）［早津惠美子，2015（1—2）］

庵功雄（2001）对「～(さ)せる」句型的语义进行了更为细致的分类（表4-3）（胡君平，2020）〔3〕。

---

〔1〕 此处去掉「あなた」和「私」这类人称会显得更为自然。
〔2〕 实际上，日本的艺人也经常在电视上用到「テレビに出させていただく」这一更为客气的说法。
〔3〕 该分类基于庵功雄（2001）的分类，胡君平（2020）将其整理成了表格形式。

表 4-3 「～（さ）せる」句型的语义用法分类

庵ほか（2001）の例文	庵ほか（2001）の分類	機能分類
母親は息子に一生懸命勉強させた。	「使役の基本的用法」	基本的
子どもの小さなプレゼントが親を喜ばせるものだ。	「原因を主語にした使役文」の一部	心理的
私は先の戦争で息子を死なせてしまった。	「責任者を主語にした使役文」	責任的
この地方では梅は2月中旬に花を咲かせる。	「Yの動作や變化を表す使役文」	自動的
作家は軽妙に筆を走らせていた。（前略）バッテリーを消耗させる。	「その他のやや特殊な使役文」「原因を主語にした使役文」の一部	他動的

对于「～（さ）せてもらう」句型，庵功雄（2001）解释如下：「X がしようとしていること（または実際にしていること）をYが許容するという出来事を恩恵的に表現している」[Y 允许或同意 X 做某事（或正在做某事），是一种恩惠关系]。同时，如例（8）所示，他指出这一句型的谦语表达「～（さ）せていただく」可以用在「動作手の主体以外の人物を高めるという待遇的配慮を表す」（抬高动作实施者以外的人的地位，是一种敬意表达）这一语境中。

> (8) 用があるのでお先に帰らせていただきます。[庵功雄，2001 (6)]

前文已经提过，日语的使役态基本上可以对应汉语的"让""使""令"等。而表示要求获得许可的「～（さ）せてもらう」也可以用"让"来对应。如例（6）可译为"妈妈命令孩子，让他去擦窗户"，例（7）可译为"（基于孩子的意愿）让孩子去留学"，例（8）可直译为"我有事，请让我先走"[1]。实际上，对比一下两个句型的语义，就能发现这两个句型并无重合的部分。从结构上来说，使役态是动作实施者作句子主语，接受动作

---

[1] 更自然的表达应为"我有事，那我就先告辞了"，但直译出的"让"更能体现日语中请求对方允许的语气。

者作宾语，宾语前用「を」或「に」；「～（さ）せてもらう」则将提出要求者作主语，将给出许可的人作宾语，宾语前用「に」。从语义上来说，二者更是相差甚远，使役态语义众多，但存在共性——"致使"，而「～（さ）せてもらう」只能表示请求获得对方的许可，归根结底，仍然为一种"要求""请求"。因此，结合前一节学习者的误用，虽然部分学习者能理解使役态的基本语义，但仍有大部分人错误地将汉语的"让"直接对应日语的使役态，未能将它们区别开来。

结合之前提到的教科书讲解，笔者认为仅学习「～（さ）せていただく」是不够的。这一句型一般用在向身份、地位较高的人提出请求的场合中。由于现有的教科书未对「～（さ）せてもらう」进行讲解，未提供相应的练习，初级学习者的想法容易固化，无法应对关系不那么亲近也不需要特别客气的同辈表达请求的场合。换句话说，这两个句型十分相近，却被割裂开来了。如本章调查所示，学习者对「～（さ）せてもらう」这一句型比较生疏。因此，笔者认为在导入「～（さ）せていただく」时，需要提到其原型「～（さ）せてもらう」，并提供配套的练习。

4.4 "老师让我们交报告"应该怎么表达？

以下对话是大二年级的学习者与外教的对话，画线部分的「レポートを出させる」虽然语义正确，但用在此处不太恰当。

> 学習者：先生、どうもすみません。××先生は金曜日までに私たちにレポートを出させましたけど、パソコンが壊れましたので、ちょっと遅くなりました。すみません。
> 教師：大丈夫ですよ。いつ提出できそうですか。
> 学習者：たぶん明日は大丈夫です。まだちょっと完成しませんから。
> 教師：明日ですね。はい、わかりました。待っていますね。

在这个对话里，学习者想表达的是"上周××老师让我交报告"。从语用学角度来看，这句话有一丝教师迫使学生交作业的意味。如果换成日语母语者，他们多半会表达为「レポートは金曜日までに提出するというこ

---

〔1〕 这里的「××先生」就是对话中的教师本人。

とになっているのですが…」「レポートの件についてですが、金曜日までに出すというご指示を受けましたが…」。在实际使用中，我们发现日语母语者很少用「動作の行い手＋1人称に/を＋動詞＋（さ）せる」这一句型来表达"让我……"。

> （9）天气这么热，体育老师让我们在操场跑了5圈。
> （10）老师让我们本周周五之前交报告。（笔者自拟）

汉语母语者能体会到这两个句子语气上的差异。例（9）中，说话者对"在操场跑了5圈"有埋怨的语气。例（10）的语气则明显缓和了许多，从字面上无法判断说话者是否带有不满的情绪。针对这两个句子，笔者对5名获得中国汉语水平考试（HSK）6级证书的日语母语者进行了调查（表4-4）。

表4-4　日语母语者的表达

汉语例句	日语母语者的表达
（9）	• こんなに暑い日を、体育の先生に運動場を5周走らされた。 • 炎天下なのに、体育の先生は私たちに運動場を5周も走らせた。 • 天気の暑い日に、体育の先生に運動場を5周走らされた。 • 天気がこんなにも暑いが、体育の先生が運動場を5周走らせた。 • 暑い中、運動場を5周走ってこいと体育の先生が指示した。
（10）	• 先生は、今週金曜までにレポートを出して欲しいとしている。 • 先生は今週の金曜日までに、レポートを提出するようにと求めてきた。 • 今週の金曜日までに報告を提出するようにと先生が伝えた。 • 先生は今週金曜までのレポート提出を指示している。 • 先生は今週の金曜日までにレポートの提出を言いつけた。

从日语母语者的表达可以看出，同样是带有"致使"意味的"让"，用日语表达时可以对应为多种形态。对例（9）的翻译，前4个表达分别对应了使役态「走らせる」和使役被动态「走らされる」，最后一个句子为中性语气，可见日语母语者倾向于将此处的"让"理解为表示强制的"致使"。而对例（10）的翻译，5名日语母语者都没有使用使役态，而是选择了直述法。可见日语母语者倾向于认为这句话不带有强迫的语义。笔者让大二年级下学期的20名学习者将这两个句子翻译为日语，调查结果显示与日语母语者有较大的不同。表4-5列出了学习者的5例表达。

表 4-5　学习者的表达

汉语例句	学习者的表达
（9）	• 天気がとても暑いが、体育の先生が私たちを運動場で5周走らせた。 • 天気が暑いけど、体育の先生が私たちを5周も運動場を走らせた。 • ?天気がとても暑いにもかかわらず、体育先生は私たちに運動場で5圏ジョギングさせた。 • *天気がこんなに暑いのに、体育の先生は私たちに運動場で5圏走らせた。 • *天気がそんなに暑いけど、体育先生は私たちを運動場を5圏回らせる。
（10）	• 先生は私たちに今週の金曜日までにレポートを提出させる。 • *先生は今週の金曜日までにレポートを出させることを言った。 • *先生は私たちに今週金曜日までにレポートを出されると言った。 • *先生は私たちに今週の金曜日までにレポートを出さなければならないのを要求した。 • *先生は今週の金曜日までにレポートを納めさせた。

对例（9）的翻译，与日语母语者相比，20名学习者都选择了使役态。在语感上，这些表达都能体现"跑了5圈"被视为一种带有强迫性的行为[1]。对例（10）的翻译，与更多选择「先生は…求める/指示する」，即"老师要求……"句型的日语母语者相比，调查中有14名学习者（占比70%）选择了使役态。从他们的翻译来看，如果是用在学生对周五前交报告一事有抵触情绪的语境中，使役态尚能成立。如果只是单纯表明教师的要求，使役态就显得不太恰当了。

本节开头部分提到的学习者与外籍教师的对话，「先生は＋私たちに＋動詞（さ）せる」这一句型带有一丝指责的意味，深层语义是说教师的要求对学生来说是一种负担，因此显得不那么客气，所以这也是学习者需要注意的一个地方。在「動作の行い手は/が＋動作の受け手に/を＋動詞（さ）せる」这样的句型里，动作施加者和接受者均为人，且动作本身具备可实施性[2]，带有强迫性，并不与汉语的"让"完全对应。

---

[1] 此处暂且不管学习者的译文中其他部分是否正确、恰当，仅观察"让"所对应的表达。
[2] 如「喜ぶ」「悲しむ」这类动词不表示具体的动作，即不具备可实施性。

4.5 「三人称に＋動詞てもらう」

在教学过程中，笔者还发现学习者对「～てもらう」的另一种用法「三人称に＋動詞てもらう」不太熟悉，即在说话者和听话者的对话中，出现了对第三方的请求。例如，在例（11）中，画线部分表达的是工作人员需要请听话者的父母签名。

> (11) 係員：この書類にはご家族全員のサインが必要となりますので、ご両親にもサインしてもらってくださいね。
> （笔者自拟）

一直以来，「～てもらう」的讲解和练习主要关注的是说话者对听话者的请求[1]，也就是说，"请求"本身只涉及说话者和听话者。而在例（11）中，经由说话者之口，向听话者提出请求，但请求内容牵涉第三方，句子结构则变为「話し手は/が＋聞き手に＋三人称に＋動詞てもらう」，这里的「～てもらう」表示的是对第三方的请求。针对这一句型，笔者同样要求大二的20名学习者翻译以下2个句子。

> (12) 只有小王你自己的签名还不够，让你爸妈也签个名吧。
> (13) 让其他组员来讲解PPT吧，小王你当主持人就行了。（笔者自拟）

用「～てもらう」句型，对应的译文为例（14）和例（15）。

---

[1] 笔者观察到《大家的日语》初级下册导入了「～伝えていただけませんか」这一句型，意思是可否代替说话者向某人传达或提出某请求，完整句型为「聞き手が＋（話し手のかわりに）三人称に＋出来事を/と＋伝えていただけませんか」。从形式上看，这一表达确实属于「第三者に＋動詞てもらう」的范畴，但由于动词"伝える"的词义限定，且考虑导入的时间较早，初级学习者能否举一反三，将其运用于其他场景（替换为「第三者に＋説明して/教えて/話して/言っていただけませんか」等）还有待考证。

> (14) 王さんのサインだけでは足りないので、ご両親にもサインしてもらってくださいね。
> (15) ほかのメンバーにパワポの説明をしてもらって、王さんは司会をやればいいんだから。

当然，除此之外，「～をお願いする」「三人称が＋動詞」等句型也足以表达原句语义（「王さんのサインだけでは足りないので、ご両親にサインをお願いしてください」或「ほかのメンバーがパワポの説明を担当して…」等）。根据调查结果，笔者发现20名学习者中没有人用「～てもらう」句型。表4-6列出了学习者的部分表达。

表4-6 学习者的部分表达

汉语例句	学习者的表达
(12)	• 王さんのサインだけでは足りないんです。両親もサインしなければなりませんよ。 • ?王さん、あなたのサインだけは足りないんだ。ご両親もサインした上で持ってくれ。 • ?王さんのサインだけでは足りないです。お父さんとお母さんもサインさせてから持ってきてください。 • *君のサインだけは足りないから、両親もサインして持ってくる。 • *あなたのサインだけは足りません。お父さまとお母さまをサインさせましょう。
(13)	• 他のグループメンバーにPPTを説明させましょう。君は司会者の仕事だけを担当すればいい。 • ほかのメンバーにPPTの内容を紹介させ、王さんに司会者を担当させれば大丈夫です。 • ほかのメンバーにPPTを解説させて、王さんに司会者を担当させてもいいです。 • ?ほかのグループメンバーがPPTの紹介をさせて、王さんは司会者になるだけでいいんです。 • *ほかのメンバーがPPTの解説を担当して、王さんは司会をやってください。

对例（12）的翻译，大部分学习者的表达不合乎语法。首先，有近一半的学习者（9名）都避开了"让"字，直接说成「両親がサインする」，

未表达出原句中说话者对听话者的要求。其余的学习者均选择了使役态的「サインさせる」，这样一来，语义中带有了强迫父母签名的意味。对例(13)的翻译，20名学习者中有17人选择了使役态，多少能从句中体会到一丝强迫的意味。在后续访谈里，当笔者对这两个例句的表达方式做出讲解后，大多数学习者表示"找别人做事情的话，首先想到的就是使役态""明明学过「～てもらう」，但就是不会用""脑子里完全没想到「～てもらう」这个句型"等[1]。

从翻译调查的结果和学习者的反馈来看，可以说初学者对「三人称に＋動詞てもらう」这个句型掌握得不够好。按理说，这一用法难度较低，在调查结束后的讲解中，笔者甚至没有做出过多的说明，学习者们看到笔者给出的句子后就立马表示理解这一表达。但从使用率几乎为0这一事实来看，学习者明显还未习惯这一句型。实际上，教师只需要在教学中稍做讲解，让学习者适当练习，这些问题就可以迎刃而解。

4.6 小　结

本章共阐述了学习者在「～てもらう」句型习得中的三个盲区。

（1）对「～てもらう」语义的认知问题。现有教材对「～てもらう」句型直接定义为"请求""拜托"，忽视了「許容」和「単純受益」这两个用法。在日语习得的最初阶段，一般只要求学习者掌握最基础、最常用的用法，因此，在导入授受动词、助动词时，无须讲解这两个用法。但从大二学习者一味地将本该使用「～てもらう」却使用使役态的「～（さ）せる」来看，随着习得的句型的增加和知识的丰富，我们有必要提及「～てもらう」的这两个用法。

（2）「～（さ）せてもらう」句型使用频率很低。通过调查，笔者发现初级学习者在表示"让我……"这一语义时，仍然习惯使用「私に＋動詞（さ）せる」，而日语母语者更多地使用「～（さ）せてもらう」。这能看出

---

[1] 为了观察学习者日语水平与「～てもらう」句型习得的关联性，笔者对大四的10名学习者也做了相应的调查，其中有3名学习者用到了「第三者に＋動詞てもらう」这一句型，3名学习者使用了「第三者に＋出来事を＋お願いする」，其他4名学习者分别使用了使役态和「第三者が＋出来事を＋する」等句型。使用「三人称に＋動詞てもらう」形式的人数较少，高年级教科书也未涉及这一用法的讲解，所以可以认为学生多依靠自然习得。

学习者倾向于将汉语的"让"对应为日语的使役态，同时也能看出学习者还没能习惯「～（さ）せてもらう」句型所强调的"请允许我""请让我"的意味。

（3）学习者对「三人称に＋動詞てもらう」句型极不熟练。一直以来，「～てもらう」句型的讲解和练习都围绕着对话双方——说话者和听话者两方之间的请求而展开，若是表达说话者对第三方的请求，学习者就乱了阵脚。从调查结果可知，学习者中无人用到此句型，仍是习惯性地使用使役态，主动句也占了一定比例。由此可见，这个句型虽简单，若学习者未能关注这一句型，那么在实际使用中仍然无法自由、灵活地运用相关句型。

综合以上分析，笔者认为「～てもらう」句型的教学需要遵循由易到难的步骤，在初学阶段无须强求学习者"一口吃成个胖子"，但也不能仅介绍「～てもらう」最基本的用法，相关句型和用法也需要得到提及。作为高频句型，其基本语义和相关句型都应该要关注。

第 2 部分

词汇误用研究

第5章

自他动词的选择

——「あ、開いた!」和「あっ、開けた!」有什么区别?

5.1 自他动词误用表现

笔者在日常的教学工作中也能经常遇到学生自他动词的混用和乱用，而遇到的错误形式也是多种多样的。下面这段话是一名大三年级学生写的作文，画线的句子在语法上并没有什么问题，但如果让日语母语者来表达，他们大概率会选择使用自动词「深まる」。

> 彼は多くの人がいつも見落としている「死ぬほど」という程度の深さを表す言葉に気づいて、皆が使う理由を探究しました。そして、①?<u>死への理解を深めました</u>。更に、死ぬまでの時間の大切さを考え、②*<u>人の人生はみんな価値があるという考えを芽生えました</u>。私も深く啓発されました。

画线部分①句如果将他动词「深める」换为自动词「深まる」，整句变为「死への理解が深まりました」，句子会更加自然。②句的错误源自学习者对「芽生える」的词性产生了错误的理解。「芽生える」是自动词，前面的助词应该用「が」。因此，此处只能把句子说成「みんな価値があるという考え<u>が</u>芽生えました」。①句的错误是语言习惯的问题，②句是词性认知上的错误。相对①句而言，②句更容易纠正。在日语习得的初级阶段，像这样的自动词和他动词误用问题层出不穷。相信每位日语教师都会在教学过程中反复提醒学习者记忆以下2个句型：他动词句句型「動作の対象＋を＋他動詞」和与之相对的自动词句句型「動作の対象/主体＋が＋自動

詞」。只要学习者能够准确辨别自他词性，自他动词前的助词问题就可以迎刃而解[1]。①句译成汉语时，有以下 4 种译文。

> 对死的理解变得更加深刻了。
> 加深了对死的理解。
> 对死的理解加深了。
> 对死的理解得到了深化。

"加深了对死的理解"使用了他动词「深める」，结合上下文，汉语表达并无任何不妥之处，前后衔接自然，并且「理解を深める」这个短语在日语中也是成立的。那为什么从整体看自动词「深まる」更符合日语的表达习惯呢？究其原因，还需要从上下文语境来分析。这段文字主要讲述的是读者读完文章后的感想，通篇都用了过去时，突出的是自身的体会。也就是说，在读完文章后，学习者通过反复思考和探究语言的含义，思路变得更加开阔，理解也愈发深刻。但这些都是已经发生的变化，可以当作一件过去的事情来看待，而在这样的情境之下，日语中更偏向于采取客观的态度来对其进行表述，因此自动词「深まる」更贴合日语的表达习惯。

学习者在自动词和他动词上犯的错误一般分为两种类型：一种是对单词属性理解有偏差，这种错误一般会让学习者对助词产生混淆，多表现为「を」和「が」的混用；另一种则是基于表达方式和表达习惯的使用差别。杉村泰（2010）曾经针对以汉语为母语的日语学习者和日语母语者做过一组调查，发现即便是日语母语者之间，也会在描述相同场景时出现自他动词选择倾向的偏差。换言之，100％绝对偏向某个表达的情况并不常见。例如，在下面例（1）的三个选项中，75％的日语学习者选择了他动词被动态的「開けられた」。而大部分日语母语者选择的是自动词「開いた」，同时也有 15％左右的日语母语者选择了被动表达。

> （1）風でドアが（開けた/開けられた/開いた）。（杉村泰，2010）

---

[1] 需要注意的是，自动词前也可以使用「を」。较为常见的有两种情况：第一种是在类似于「公園を走る」这种表示移动的句子里，「を」表示的是移动时经过的场所。第二种是「会議を終わる」这种句子，「終わる」本身是自动词，一般多用「会議が終わる」来表示会议已经结束。如果想要突出结束会议这一动作，则多用使役态，即「会議を終わらせる」来表示主动结束会议。「～を終わる」和「～が終わる」的区别将在 5.2.1.3 小节具体讨论。

因此，我们在此要讨论的是倾向性的选择，而不是追求100%的准确性。当然，在交流的过程中，这些小的偏差不影响语义的判断，也不会造成交流上的障碍。但为了学习更加自然和地道的日语表达方式，我们必须关注这些使用倾向上的区别，灵活区分并掌握它们的使用方法。

5.2 自他动词误用分类

迄今为止，关于日语自他动词的误用研究已有不少，但这些研究大多较为片面，客观的研究少之又少，对其原因的分析更是凤毛麟角。这样一来，学习者只能通过各个击破的方式来记忆每个需要注意的地方，而如果没有对误用产生的原因、动机进行分析，没有对自他动词进行系统性的了解，错误是很难避免的。因此，在这一节里笔者将对自他动词出现的误用类型做出归类和分析。笔者将采取简单明了的方式，即由易到难、由容易纠正（稍加提示学习者就可以改善）到难以纠正（反复提示也未见学习者改善）的方式，分析自他动词的各种混淆、误用案例。

5.2.1 格助词误用

格助词是日语中一个繁杂的语法点，初学者犯错自不必说，甚至有很多已经通过了 N1 的学习者也会用错格助词。在与自他动词相关的误用中，格助词的混淆尤其突出。

5.2.1.1 「を」与「が」的混用

前文已经提到，如果弄错动词的词性，即在自他动词的归类上发生错误，就必然会在「を」和「が」的选择上犯错。具体例子如例（2）和例（3）所示，两个句子均为大一学习者在自他动词练习中出现的误用。

> （2）＊食堂の前で財布が落とした。
> （3）＊水をこぼれた。

在例（2）中，「落とす」是他动词，「財布」为「落とす」这个动词的宾语，正确说法应为「駅前で財布を落とした」。而在例（3）中，由于「こぼれる」是自动词，正确说法应为「水がこぼれた」。

5.2.1.2 「を」与「に」的混用

在最开始学日语的时候，很多人都犯过格助词使用上的错误，「＊試験

を合格する」「＊後ろの人を気づかなかった」。这两个短语都应该使用格助词「に」，但学习者误用了「を」。将这两个表达翻译为汉语，即"考试合格""没有注意到后面的人"，说话者很显然将"考试"视作"合格"的宾语，将"后面的人"视作"注意"的宾语。在日语中，「合格する」被认为是自动词，《明镜国语词典》对「～に合格する」中的「に」给出了这样的定义：「優劣の判定や評価の対照となる側面や部門を表す。…の面（点）で」，即"判断优劣或做出评价的基准；在某一方面……"，与此类似的用法还有「勝負に勝つ」「開発力に優れた企業」「総合力に劣る」等。而在另一个句子「＊後ろの人を気づかなかった」中，「気づく」也被学习者错误地视为他动词。《明镜国语词典》将它定义为「その方面に意識が向いて、突然物事の存在や状態を知る」（注意到某事物，突然认识到其存在或所处状态），在这种情况下，「に」表示认知的对象。不过，《明镜国语词典》也指出，「～に気づく」是一般用法，但同时也存在「～を気づく」这种构句方式。如川端康成曾经就在小说中写道：「私の振り返ったのを気づかないらしく千代子が言った。」对此，清水泰行（2007）认为「気づく」是心理方面的动词，使用「に」的时候含有无法预测的意味，而使用「を」的时候则表示有所期待。黄毅燕（2017）指出，使用「に」标记的心理动词多与「ふと」「突然」「意外的に」「不意」「いきなり」「急に」这些表示意外状况的词语连用。

> （4）クリスは、私に再会の抱擁と口づけをしかけて、ふと、私の背後に静かに立つジュニアに気づいた。［黄毅燕，2017（11）］
> （5）現在働いている看護師たちは、自分が別のところで役に立つ、価値の高い存在であることに突然気づくのである。［黄毅燕，2017（13）］

但同时黄毅燕（2017）通过语料库『YUKANG日本語コーパス』对「気づく」前的助词做了调查，发现绝大部分情况下选用「に」，选用「を」的情况极少（表5-1）。

表 5-1 「に気づく」和「を気づく」的使用统计

单位/个

～に気づく		～を気づく	
检索词条	例句个数	检索词条	例句个数
に気づく	5 369	を気づく	55
に気づかない	1 590	を気づかない	19
合计	6 959	合计	74

因此，我们仍可以将「気づく」视为自动词，将「～に気づく」视为其基本形式。如果学习者能牢记自动词均为不及物动词，至少会避开「～を＋自動詞」这个错误用法。

5.2.1.3 是「～を終わる」还是「～が終わる」？

我们虽一直强调「～を＋他動詞」与「～が＋自動詞」，但在实际的应用中也存在一些例外，比如例（6）和例（7）。

> （6）<u>試験が終わったら</u>遊びに行こうね。
> （7）では、これで<u>会議を終わりたい</u>と思います。

「終わる」一般当作自动词来使用，对应的他动词是「終える」。按照自他动词的使用规则，「試験が終わる」和「会議を終える」才是合乎语法的说法。当然，把使役态也加上，还有第三种说法「会議を終わらせる」，这三种表达都是可行的。但例（7）中的「会議を終わる」并非错误表述，究其原因，还要从「終わる」的词性说起。《明镜国语词典》将「終わる」定义为自他用法兼具的动词，并对「～を終わる」和「～が終わる」的区别做了如下讲解。

> 「会議が終わる/会議を終わる/会議を終える」では意味が微妙に異なる。「～が終わる」は自然のなりゆきとして終了する、「～を終える」は意図的に終了する意。「～を終わる」は中間的な言い方で、自分の意図にかかわりなく終了する意。「これで挨拶を終えます」というと、話し手の意図が全面に押し出されすぎつため、一般には「を終わります」という穏やかな言い方になる。

根据上面的阐述，我们可以看出这三个表达的区别。「～が終わる」表示的是自然而然的结束，「～を終える」表示说话者或动作实施者主动结束

某事。但在人际交往中，如果说话者不希望对方认为自己主动想要结束某事（演讲等），但又要考虑整体进程和时间分配等事宜，不得不表明到此结束时，便可以使用「～を終わる」。在实际应用中，「～を終わる」出现的频率并不高，那一般什么时候用呢？笔者在"雅虎日本"上对「～を終わる」进行了检索，发现了一些表达，此处列出5例。

- では、これで授業を終わります。
- 小さな自分で一生を終わるな！
- 静かな一日を終わるにはふさわしい店。
- 不満を抱えて人生を終わるのが嫌なら、「人生の時間配分を決める」こと。
- 今年を終わるにあたり、冬のボーナスも出て、なんとなく仕事も年末に向けて無事着地点を探しているところ。

这些句子所用时态均为现在时，出现在表示某事即将结束的场合，并不用来陈述过去的事实。「今年/一生/一日を終わる」都表示时间的自然流逝。这里对「～を終わる」的用法可以进一步加以限定，即用来陈述即将自然结束的事，与说话人本身的意愿没有关系。

另外，与「終わる」对应的「始まる」则没有此用法，严谨遵守了「～を始める」与「～が始まる」的用法。尽管「～を他動詞」与「～が自動詞」已经成为标配，但因为有特殊情况，所以仍需要注意。

5.2.2 「このストーリーに感動された」为什么是错句？

上一节提到的两个例子中的错误低级且容易纠正，但如果对自他动词的词性理解有偏差，则会产生一些其他错误。例（8）、例（9）、例（10）这几个句子均为笔者所教大二学习者所造的句子。

(8) ＊わたしはこのストーリーに感動された。
(9) ＊街角で急に田中先生に会って、びっくりされた。
(10) ＊彼女の顔を見て、わたしも彼女の顔に驚かれている。そのあとも、なんでこんなになったんだろう、とずっと思っている。

这三个句子的画线部分都是表示情感的动词。之所以让人感觉不自然，是因为使用了被动态。在表达个人自发的情感时，使用自动词更为恰当。

> (11) わたしはこのストーリーに感動した。
> (12) 街角で急に田中先生に会って、びっくりした。
> (13) 彼女の顔を見て、わたしも驚いている。そのあとも、なんでこんなこと（感じ）になったんだろう、とずっと思っている。

我们可以想象学习者用汉语转述这三件事，可以假定为以下三种说法："我被这个故事感动了""突然在街角碰到田中老师，我被吓了一跳""被她的脸惊到了"[1]。这三句话都用了被动态，语法完全正确。在汉语里，"感动""吓一跳""惊（吃惊）"既有他动词用法，也有如"看了这部电影后，我很感动""他竟然来了，我吓了一跳""看到他，我很惊讶"这样的自动词用法。相对而言，这三个动词在日语里是完全的自动词，如果要强调动作主体拥有能够"感动""惊吓"到他人的能力时，我们可以选择使用使役态。

> (14) このストーリーはわたしを感動させた。
> (15) ?街角で急に田中先生に会って、（そして、このことはわたしを）びっくりさせた。
> (16) ?彼女の顔を見て、（そして、彼女の顔はわたしを）驚かせた。そのあとも、なんでこんなことになったんだろう、とずっと思っていた。

例（14）、例（15）、例（16）这三个句子表达是否自然还有待商榷。一是使役态一般对动作主语的有生性（animacy）有要求，而这三个句子的主语均为无生名词。二是后两个句子都是复句结构，考虑前后的连贯性，需要在句子结构上做一些调整，否则非常拗口。我们发现这类使役态表达出现的频率并不低。例如，不小心吓到别人时，日语母语者常常会说「び

---

[1]"被惊到了"这种说法多见于口语中。笔者就此征询了10名汉语母语者，发现18—35岁年龄段的人接受此说法，并表示平时自己也会说，而35岁以上的人则表示很少见到。由此可见，此说法不具备普遍性，但有一定的合理性。

っくりさせて、ごめんなさいね」或「驚かせてすみません」来表示歉意，特别是在口语中，这两种说法都很常见。这也就意味着情感类自动词的使役形式是以一定基数存在的。笔者在雅虎日本的搜索引擎上检索一下，便找到了诸如「感動させる」「びっくりさせる」「驚かせる」的表达。

> (17) スタジオジブリの名作『千と千尋の神隠し』を見たとき、私は感動してしまいました。個性的なキャラクター、面白いストーリー展開、<u>感動させる</u>物語など、私だけでなく大勢の人が感動したでしょう。
> (18) 彼らは敵を<u>びっくりさせて</u>計画を思いついた。
> (19) 少年は「狼が来た」とうそをついて人々を<u>驚かせる</u>ということを何回もやったので、人々から信用されなくなり、本当にオオカミが来たときに「狼が来た」と言っても信じてもらえなかった。

一直以来，一些语言学家认为，既然在使役句中前项可促使或迫使后项做某种行为，那前项必须是有独立行为能力和意志的主体，因此句子的主语应该是人或者某个集体、机构等。但通过上述例句我们发现，这个规则并不适用于所有使役句[1]。对于此种用法，我们可以认为主语诱发了客体的某种心情或情绪，「このストーリー」这样不具体实施某种行为的主体也能成为使役句的主语[2]。森田良行（1997）指出，日语母语者在使用使役表达时倾向于表示自然、本能的含义。想要表达"被感动"或"被（谁）吓了一跳"这种被动语态时，还可以使用使役被动态。

---

[1] "让谁做某事"是使役句基本的含义，如「お母さんは一日何回もテレビっ子の太郎を机に向かわせようとしている」。我们在此叙述的是其较为小众的用法。
[2] 除了例子中出现的这三个动词外，其他动词还有如「落胆する」「困る」「いらだつ」「笑う」「泣く」「怒る」「悲しむ」「驚く」「嘆く」等。

> （20）わたしはこのストーリーに感動させられた。
> （21）街角で急に田中先生に会って、びっくりさせられた。
> （22）彼女の顔を見て、わたしも彼女の顔に驚かせられた。そのあとも、なんでこんなことになったんだろう、とずっと思っていた[1]。

使役被动态在汉语中不存在，对学习者来说，也是较难习得的一个语法点。在此我们不讨论其基本含义"被迫做某事，不得不做某事"，只关注表示感情的语义。使役被动态多用来表达人自发性的感情变化，强调感情产生的合理性与共通性。同时，这种感情并不仅限于某一个特定的人身上。如「タイタニックを見て、感動した」这句话突显的是说话者个人感受，而「タイタニックを見て、感動させられた」则更为强调《泰坦尼克号》这部电影本身的魅力，足以打动所有观众。薛桂谭（2012）认为这类句子在翻译为汉语时多译为"使"字句，「タイタニックを見て、感動した」可译为"看了《泰坦尼克号》以后，我很感动"，而「タイタニックを見て、感動させられた」则可译为"《泰坦尼克号》使我感动（令我感动）"。从这两个句子的汉语译文可以窥探这两个句子侧重点的不同。

「わたしはこのストーリーに感動された」的出错原因是学习者受了汉语思维的影响，正确说法应为「わたしはこのストーリーに感動した」或者「わたしはこのストーリーに感動させられた」。

5.3 他动词、自动词的选择

以上主要分析了自他动词用法中格助词的错用，讨论了「が」「を」「に」三个助词易混淆的地方，还有一些较为低级的错误，如「＊試験を合格する」等。下面是他动词、自动词各自适用的场合。

5.3.1 人为事态的他动词、自动词选择

一般情况下，我们认为他动词是表示主体对对象的动作、作用的动词，

---

[1] 此处需要注意的是例（22）。虽然此句在语法上没有问题，但日语中更习惯使用「驚く」的他动词「驚かす」。将其变为被动语态「驚かされる」，句子整体呈现为「彼女の顔を見て、わたしも彼女の顔に驚かされた」。

而自动词则用来表示主体自身的动作、变化或状态的动词。他动词句的主要成分有主语、谓语、宾语，即动作主体、行为本身、行为所涉及的对象这三个要素。自动词句则主要涉及实施动作的主体或动作对象和行为本身。我们可以设想一个图 5-1 所示的场景：自己费了九牛二虎之力，终于打开了一个水果罐头的盖子。在打开的那一瞬间，人们一般会选择什么样的语句来表达自己成功打开了盖子呢？

图 5-1　打开罐头盖

用汉语可以说："终于打开了！"直译为日语，句子则变成：「やっと開けた！」。想再突出打开盖子的难度，我们还可以说："这个盖子终于被我打开了！"直译为日语则是：「このふたはやっとわたしによって開けられた！」。而日语是否会采取跟汉语一样的句式呢？笔者问过不少日语母语者，绝大部分人表示在这样的场景中，他们会选择说：「（ふたが）やっと開いた！」。译成汉语则是："（盖子）终于开了！"两种语言的区别在于，汉语更倾向于使用他动词，而日语则习惯于使用自动词。也就是说，在汉语中，我们更习惯强调"打开"这个动作，而在日语中，人们习惯将动作对象作为话题焦点，着重描述其发生的变化（比如，这个例子强调的是盖子从紧闭到"开了"）。诸如此类还有很多，如图 5-2 所示。

图 5-2　打翻水杯

在看到他人打翻水杯时，我们一般会怎么说呢？笔者多半会说："啊，把水给洒了。"即选择使用他动词。而日语母语者更常使用自动词句「あ、水（が）こぼれちゃった！」笔者询问过几位英语母语者，他们都表示自己会选择使用及物动词，例如，惊讶时会说："Oh, no, he spilled water!"

为什么在这两个场合中日语都会选择使用自动词呢？我们可以将此归结为风险规避。如果使用他动词「開ける」「こぼす」，将两个句子还原成主语、谓语、宾语齐全的完整句子后，句子变为「わたしはふたを開けた」和「あなたは水をこぼした」。这样一来，动作的实施者被放在了话语信息的前面，即打开盖子和打翻水杯的人都成了话题焦点。如果过于凸显动作实施者，在图 5-1 的场合下，会有"邀功"的嫌疑。图 5-2 则带有指责对方的语气，在对话中很容易引起误会。因此，为了规避这些在人际交往中的风险，可以省去动作实施者，将发生变化的主体设为句子主语，只单纯描写物体的状态或变化。

（23）太郎くんが窓ガラスを割った。
（24）窓ガラスが割れた。
（25）窓ガラスが（太郎くんに）割られた。

上述三个句子各自突出的侧重点有所不同。例（23）客观描述太郎打碎玻璃这件事情，主语、谓语、宾语三个要素都齐全了。例（24）与例（25）的话题焦点都在窗户玻璃上，例（24）隐去了动作实施者，突出玻璃处于碎着的状态。例（25）用了「割る」的被动态，主要强调窗户玻璃

"被打碎"这件事。如果把「太郎くんに」标记出来，针对动作实施者太郎，听话人自然会感受到指责的语气。

从正确性来说，他动词和自动词都能用，但日语和汉语有着各自的语言习惯，特别是日语中很多场景都会刻意隐去动作实施者，这是日语学习者需要特别留意的一个地方。

5.3.2 非人为事态的他动词、自动词选择

在前文中笔者提到过杉村泰（2010）的问卷调查，他指出日语学习者在描述非人为事态时，与日语母语者有着很大的不同，如在形容门被风刮开时，学习者大多选择使用被动态「風でドアが開けられた」，而日语母语者则多会使用自动词「風でドアが開いた」。杉村泰（2010）在问卷调查中将非人为事态分为以下4类（表5-1）。

表5-1 杉村泰对非人为事态的分类

① 対象の内発的変化を表す場合（动作对象内部变化）[1]
　例：電池が切れて時計が止まった。
② 無情物の非意図的な作用を表す場合（无生命主体非意志性的动作）
　例：風でドアがパタンと開いた。
③ 自然力による被害を表す場合（由自然力量引起的灾害）
　例：地震で家が壊れた。
④ 状態変化主題の他動詞文（以状态变化为主题的他动词句）
　例：火災で家を焼いた。

由于第四类是他动词句式，因此暂时将其排除在外。杉村泰的调查显示，对于第一类，日语学习者和日语母语者一样，大概率选择了自动词。但对于第二类和第三类，大部分日语学习者会选择使用他动词的被动态，而大部分日语母语者则会选自动词。杉村泰（2013）将原因总结为日语的一个语言习惯——「自然現象であればたいていの場合に自動詞表現を選択する」，即只要是自然现象，日语习惯选用自动词。而在汉语中，在表达风、地震、洪水带来的自然灾害时，习惯使用他动词被动态，如"树被风刮倒了""房子在地震时被震垮了""桥被洪水冲走了"。这是两种语言在表达方式上的差别，也是日语学习者受汉语思维的影响而犯错的原因之一。

---

[1] 括号内为笔者自译。

综上所述，尽管描述的是相同的事情，汉语和日语的表达方式却有非常大的区别。在描述人为事态、有必要隐去动作实施者的时候，日语习惯上着重突出主体的状态或变化。而在非人为事态中，即便说话人因自然灾害遭受到了一定的损失，日语也仍然倾向于使用自动词来表示。在日语教学中，如果教师在初级阶段说明这些规律和用语习惯，那么学习者的误用率就会降低许多。

5.4 小　结

本章主要从语法误用和使用倾向上对日语自动词和他动词的相关表达进行了分析，指出学习者在学习自动词和他动词时容易出现的两个问题：一方面，在语法上，学习者在初级阶段容易混淆动词属性，由此造成「〜を＋他動詞」「〜が＋自動詞」这两个句型的混淆。另外，诸如「＊試験を合格する」「＊後ろの人を気づかなかった」这类「を」与「に」的混用也是常见的错误，而这类问题也都能通过自他动词得到解决。另一方面，在使用倾向上，汉语更强调动作的意志性，因此他动词句使用的频率高，而在日语中，除了需要明确责任的场合外，多使用自动词句来描述事件。通过调查，笔者发现日语学习者易受汉语思维的影响，多选择他动词表达，与日语母语者在使用他动词的倾向上有较大的不同。

第6章
「多い」和「少ない」的名词修饰用法
　　——为什么「＊多い人が来るでしょう」是错句？

　　一提到初级阶段日语形容词的相关误用，首先会想到类似「＊忙しいの生活」「＊きれいの花」的说法。的确，中国日语学习者在初学阶段常常套用汉语搭配"形容词＋的＋名词"（忙碌的生活、美丽的花儿等），将其照搬到日语中，于是犯下「形容詞＋の＋名詞」的表达错误。但伴随着练习量的增加和熟练度的提升，再加上教师的反复强调、纠正，这种错误是很容易避免的。另外，在形容词的学习中，我们往往会犯一些隐性的错误。下面这个日语段落，大部分大学日语教师在日常教学过程中看到过类似的表达。

> 私はその店にあまり行きません。なぜかというと、味があまりよくないし、店員の態度もとても悪いですから。今、その店に行く人がとても少ないです。＊<u>もし値段がちょっと安くなって、態度を改善したら、そして多い人がこの店に来るでしょう。</u>

　　这是大二日语学习者在写作课上写下的一段话，表达的是自己对校外某店铺的看法。画线部分的句子读起来十分突兀。将这句话还原成汉语后，可以看出学习者想表达的是"（这家店如果）价格再便宜一点，并且改变服务态度，会有很多人来吧"。问题出在了「＊多い人」这个短语上。此处的「多い」用来形容后面的「人」，按常理来说，就像「おもしろい映画」「親切な人」这种短语一样，形容词作为定语修饰名词是其基本功能，为什么「＊多い人」这个短语却不成立呢？还有没有跟「多い」一样用法受限的形

容词呢?

6.1 形容词的语法功能

西尾寅弥（1972）、森田良行（1977）、仁田义雄（1980）等日本语法学家对形容词的功能做出了一系列阐述，他们指出「形容詞には、客観的な性質・状態の表現をなすもの（以下属性形容詞と呼ぶ）と、主観的な感覚・感情の表現をなすもの（以下感情形容詞と呼ぶ）との区別があることが、認められている」「日本語の形容詞、装定用法に立つとともに、述定用法にも立つ存在なのである。ここでいう述定用法とは述語として働く用法のことであり、装定用法とは、連体修飾語（規定語）として機能する用法のことである」。概括来说，日语形容词可以分为两大类：一类是表示主观感受、感情的感情形容词，另一类是表示性质、状态的属性形容词，从使用功能上来看，形容词既可以作谓语，即仁田义雄（1980）提到的「述定用法」，又可以作定语，也就是「装定用法」。

> （1）かわいい人にあるのは外見的魅力だけではない。
> （2）田中部長に褒められて、嬉しかった。（仁田义雄，1980）

例（1）中的「かわいい」形容的是人物可爱的样态，既能表示长相、打扮等外表的可爱，也能表示性格的可爱。总之，可以将这里的「かわいい」视为某个人或某类人群的特定属性，属于属性形容词。例（2）则表达的是被部长夸奖过后心情非常愉快，描述的是人的内心感受，属于感情形容词。关于这两个形容词的语法功能，例（1）的「かわいい」充当的是定语，用来修饰「人」。例（2）的「嬉しい」则充当了句子的谓语。但通过以下4个例句，我们可以发现「多い」并不完全适用这个法则。

> （3）あの喫茶店のコーヒーはおいしい。
> （4）わたしの子どもはおいしいものには目がない。
> （5）日本列島は、地震の原因となる「プレートがぶつかる場所」の上にあるから地震が多い。
> （6）＊人気歌手のコンサートに、多いファンが集まっている。[1]

按词性分类而言，「おいしい」和「多い」都是属性形容词。但很明显，这两个单词的用法不尽相同。例（3）和例（4）都是合乎语法规则的句子，「おいしい」不仅可以充当句子的谓语，还可以直接用来修饰名词。但到了「多い」这里，情况则变得不太一样。例（5）是正确的表达，「多い」可以作为谓语成分，用来形容地震之多。而例（6）中，「多い」作为定语，修饰的是「ファン」，但句子无法成立，正确的表达是「多くのファン」。为什么「おいしい」和「多い」之间存在这样的差别？难道「多い」不能作定语修饰名词吗？「多い」和「多く」又有什么区别呢？

6.2 「多い」和「多く」的语义

《明镜国语词典》对「多い」做了解释，将「多い」的基本词义划分为以下 3 个层级。

> ① ものの数や量が大きい。
> 　　例：彼は芸能界に知人が多い／この店の定食は量が多い。
> ② 全体に占める割合や度合いが大きい。
> 　　例：糖分が多い／今日の出席者は子供連れが多い。
> ③ 頻度や確率が大きい。よくある。ありがちだ。
> 　　例：夕食は肉料理が多い／この地方は地震が多い。

从上面的解释来看，「多い」不仅可以用来形容人或物的数量之多，还可以表示占比、频率、概率之高。但不管是哪一种用法，「多い」都应该算作西尾寅弥（1972）所划分的「属性形容词」，用来形容人或物的属性或状

---

[1] 例（3）、例（4）、例（5）来源于雅虎日本，例（6）为学习者误用。

态[1]。「多く」既可以作名词，也可以作副词。《明镜国语词典》对「多く」的定义如下。

> ① 数量が多いこと。たくさん。多数。
>   例：多くの人と出会う/私は書物から多くを学んだ。
> ② ある集合の中の大多数。大部分。
>   例：学習者の多くが反対した。
> ③ 頻度や傾向が強いさま。よくあるさま。たいてい。
>   例：この種の土器は多く北日本で発見される。

从词典的解释来看，「多い」和「多く」的词义基本上没有什么区别。问题是为什么能说「多くの学習者」，却不能说「＊多い学習者」呢？仁田义雄（1980）和益冈隆志、田窪行则（1992）分别对二者的区别做了如下解释。

> 「多く」は主要語が外在的（外延的）に帯びるあり方で限定する。「多い」の装定は、主要語が本来的に内包していると考えられる性質、属性を引き出すといった形で行われる。

> 「多く」は、修飾される名詞が指す集合の量的な大きさを表し、「多い」は（中略）修飾される名詞の持つ属性を表す。

也就是说，「多い」在作为定语修饰名词时，其主要功能在于形容后续名词的属性，而「多く」形容的才是数量。例（6）中「＊人気歌手のコンサートに、多いファンが集まっている」的画线部分之所以需要替换为「多くのファンが集まっている」，是因为此处说话者只是想强调粉丝数量之多。开头部分列出的学习者误用「＊もっと多い人が来るでしょう」问题也出在这里，「もっと多い」不能用来表示人的属性，想要表达"更多的人"时，只能使用「もっと多くの人」。教师在导入「多い」这个形容词的时候，需要跟学习者说明「多い」的特殊性，再告诉学习者对应策略——碰到此类情况替换为「多く」，就可以避免误用。但如果我们思考得再深入一些，会

---

[1] 虽然形容词可被简单划分为属性形容词和感情形容词两大类，但笔者认为这个分类不够全面。例如，「この店の定食は量が多い」这句话可以看作消费者在比较过其他餐厅、多次在这家店吃过饭后给出的评价，「多い」用来形容这家餐厅套餐量大。「今日の出席者は子供連れが多い」表达的是今天的出席者中带小孩（一起来）的人很多，这里的「多い」不能被视为「今日の出席者」的属性，而是某个特定事件、时期的状态。

发现事情没有想象的那么简单，因为「多い」并不是完全不可以作定语。

6.3 「多い」作定语成分的几种用法

6.3.1 「～が多い＋名詞」结构下「多い」的功能用法

在6.2小节《明镜国语词典》对「多い」的释义给出的例句中，「多い」大多作为句子的谓语成分出现。可改写一下下面这些例句，将「多い」替换为定语成分，再看句子能否成立。

> (7) ＊多い地震がこの地方にある。
> (8) ＊今日、多い子供連れが出席した。
> (9) 糖分が多い果物はダイエットにふさわしくない。
> (10) 量が多い定食を食べた。

这4个句子中，「多い」都作句中名词的修饰成分。例（7）和例（8）与前文中提到的「＊多い人」「＊多いファン」一样，都不成立。例（9）和例（10）在语法上没有任何问题，这也说明不能草率地将「多い」视为"不能作为定语修饰名词"的形容词，应该分情况讨论。观察例（9）和例（10），可以发现区别在于句子结构的不同。前者采取的是「多い＋名詞」的结构，而后者则复杂一点，用的「～が多い＋名詞」这种结构，也就是在「多い」前面加上了一个修饰语。在例（9）和例（10）中，「糖分が多い果物」「量が多い定食」分别在「多い」前面加上了限定性的修饰，「多い」不再直接修饰「果物」和「定食」，而成了「糖分」和「量」的修饰语。句子整体的意思分别变为"糖分高的水果"和"量多的套餐"。因此，"糖分高""量多"是后续名词的属性。相对来说，「＊多い果物」「＊多い子供連れ」之所以不成立，也是因为仅靠一个「多い」不能用来表示后续名词的属性。

仁田义雄（1980）对此给出了一个具体的解释。他认为「糖分が多い果物」这样的短语是"一个意义完整的单元"（「一つの意味のなかたまりをなす」），即要把整个短语视为一体，而不是把「糖分」「多い」「果物」单独拆开来看。如果「多い」处在一个意义完整的单元，就可以充当句子的定语成分。之前介绍说话者想用「多い」来修饰人的数量之多，但「多

い」只能形容属性，不能形容数量，所以「＊多い人がこの店に来るでしょう」不成立。那如果在「多い」前加上一定的范围，赋予「人」一个新的特征或属性，句子能否成立呢？

例（11）和例（12）的画线部分均是对「人」的形容，此处的「多い」放在「仕事が多い」和「時間が多い」这两个短语里，都成为「人」的某个特定属性，即"工作多的人"和"时间多的人"。「多い」不再表示人的数量，而成为衡量工作总量与时间多少的标准。

> (11) 仕事が多い人がこの店に来るでしょう。
> (12) 時間が多い人がこの店に来るでしょう。

我们可以在这两个句子之前加上一定的语境，如例（13）和例（14），句子会变得更好理解。

> (13)（この店は）料理が出るのが早く、すぐに食べられるので、仕事が多い人がこの店に来るでしょう。（笔者自拟）
> (14) この店は町からずいぶん離れた場所にあり、看板も色褪せをしてしまい、地味と言っても過言ではありません。中に入ると、懐かしいメロディーを楽しみながらゆっくり過去の話をする友人同士の客が圧倒的に多いことが目につきます。サラリーマンでにぎわう都心のレストランに比べると、時間が多い人がこの店に来るでしょう。

也就是说，我们对「多い＋名词」的结构进行重组，将其变为「～が多い＋名词」之后，「～が多い」这个整体则成为后续名词的属性。这个新结构因「が」的存在使得「多い」不再直接修饰后面的名词，而是修饰「が」之前的名词。

6.3.2 带有比较意味的意义单元

正如前面所讲，可以将「～が多い＋名词」这个结构视为「属性/特徴づけ」（赋予新的属性或特征），有时也可以通过比较结构实现此功能。

例（15）和例（16）都用了「より」，句中出现了可供比较的对象。在例（15）中，主语「場合」的修饰语为「血液検査で血小板の数値が基準

第6章 「多い」和「少ない」的名词修饰用法
—— 为什么「＊多い人が来るでしょう」是错句？

値より多い」。首先，明确给出了比较所在的范围，即「血液検査」。其次，比较发生在「血小板の数値」与「基準値」之间。判断血小板数值的标准是基准数值，「多い」并不单独修饰「場合」，而是直接用来形容血小板的数值。「血液検査で血小板の数値が基準値より多い」可以看作某个特定「場合」的属性，于是「多い」作为定语修饰名词的功能成立了。例（16）只给出了有关比较对象的信息，即「魚」和「プラスチックごみの量」。但仅凭这一句修饰语，便可以明白说话者对主语「海」属性的界定——塑料垃圾比鱼还多。说话者要表达的是海洋垃圾继续增加，按这个速度，海里塑料垃圾的数量会比鱼类还多，因此也可看作未来的一个特征、属性。通过给出比较对象，句子含有比较的意味，「多い」作为定语的可行性则会大大提高，但表示比较的句子并不一定都明确标示出比较对象。

> （15）血液検査で血小板の数値が基準値より多い場合は、私たちの体でどんな異常が起こっているのでしょうか？
> （16）今海洋ごみが増える一方だ。このペースで進めば、2050年には魚よりプラスチックごみの量が多い海になることが予測されている。

例（17）并未给出比较对象，只给出了地域范围「日本で」，再在「多い」前面加了「一番」。凭借这些信息，我们仍能判断出其比较对象是日本所有其他姓氏。因此，在这里我们可以认为「日本で一番多い」表示的是某个姓氏的固有特征——全日本最常见，所以可以将其视为属性。单看例（18）似乎有些奇怪，但可以迅速联想到对话展开的语境，如两位说话人正在讨论有关日本姓氏的话题，其中一个人介绍日本常见的姓氏，另一个人则可以自然而然地发起提问，这种情况也没有问题。并不一定要在字面上通过「より」来明确进行比较的对象。只要通过句子或上下文推测得到比较对象，句子就具备成立的条件。

> （17）日本で一番多い名字は何ですか。
> （18）一番多い名字は何ですか。
> （19）？多い名字は何ですか。（笔者自拟）

按之前所讲的来看，例（19）这句话似乎不成立。但如果出现在下面的对话中，这句话就没什么问题了。

(20) A：日本は本当にいろんな名字があるよね。私、外国人だから、漢字が難しくて大変だよ。
B：そう？中国は名字が少ないの？
A：日本より少ないと思う。ほとんどが単漢字だし、読み方も日本より簡単かも。
B：そう？知らなかった！<u>多い名字は何</u>？Aさんの名字は多いほう？

在上述对话中，画线部分「多い名字は何」本身没有给出明确信息，将这句话翻译为"很多的姓氏是什么"，肯定是不合乎语法的。但 A 可以通过上下文轻松地理解 B 的意思。我们可以将这句话补充完整，即「中国でより多い名字は何?」。即便没有给出比较对象，但我们仍可以读取到「多い名字」指的是占比相对一般基准高，即在众多姓氏中不太常见的那些姓氏。因此，虽然「多い」前面没有出现明确的限定，只要能通过上下文对它进行比较，赋予它某个特定的特征或属性，「多い」就仍然能够用来单独修饰名词。这一类带有"比较意味"的句子成立的原因归结为有比较对象存在，只要「多い」不再单纯形容后续名词的数量，而是用在前面的短句里，并与其他概念合并成一个新的意义单元，进而一起成为后续名词的属性或特征，句子就成立了。当然，特征或属性的赋予并不是任意的，如例（21）和例（22）所示。虽然我们仿照例（20），在「多い人」前面加上了地域限制，但「多い」仍然表示数量，因此这两个句子不成立。

(21) ＊<u>うちの大学で多い人</u>がこの店に来るでしょう。
(22) ＊<u>この町で多い人</u>がこの店に来るでしょう。

在日语中，还有像例（23）这样的句子。此处的「より多い」并未给出具体的比较对象，我们也无法从中得知衡量的标准。但我们可以推测出说话人想表达信息越多越好，此处的「より多い」可以看成跟「今持っている情報」进行比较。因此，有的时候即便没有上下文，我们仍能推断出比较的基准或对象。也就是说，比较对象既可以通过「より」「一番」等词

在文中得到明确的展现，也可以通过上下文或者常识、社会准则等来推测。

> （23）情報は<u>より多いほう</u>が良い。

需要注意的是，并不是任何比较都符合上述情况。例如，「とても」「もっと」「非常に」等程度副词无法确定比较对象，「多い」不能构成与后续名词共存的条件。

例（24）里的「とても」是"非常"的意思，但我们无法界定其程度究竟有多高，也无从判断与谁进行比较。例（25）句中的「もっと」的意思也比较模糊，通过上下文也无从判断比较的客体。究其根本，「とても多い」和「もっと多い」，都不能表示后面名词的属性。

> （24）*とても多い人がこの店に来るでしょう。
> （25）?もっと多い人がこの店に来るでしょう。

木下りか（2004）将「多い」定语修饰功能的成立条件归纳为一个因素：「比較対象の明示」——「量の多少を判断する際の比較対象が明示化されている」，也就是把以上谈到的所有情况均归结于"明确标示出比较对象的存在"。但笔者认为要解释这一现象，除了有「より多い＋名詞」这类比较之外，也不能忽视「属性/特徴づけ」这个必要条件。究其原因，笔者认为在类似<u>仕事が多い人</u>がこの店に来るでしょう」这种采用「〜が多い＋名詞」结构的句子中，工作量和时间的"多"确实含有比较的意味。若要把比较关系凸显出来，句子则可以扩充为<u>仕事が少ない人</u>より、<u>仕事が多い人</u>がこの店に来るでしょう」。但笔者认为这种对比并不是在任何场合下都能成立的。例如，在例（11）的基础上，把这个句子扩充为下面的例（26），逻辑便显得有些奇怪了。

> （26）?（この店は）料理が出るのが早く、すぐに食べられるので、<u>仕事が少ない人</u>より、<u>仕事が多い人</u>がこの店に来るでしょう。

此处说话者想要表达的是因为这家店及时上餐，所以会成为工作多的人的优先选择。换言之，可以理解为「この店は仕事が多い人に向いてい

る」，即这家店更适合工作量大、不愿意在吃饭上花太多时间的人，并未提及工作量少的人的选择，也不是与工作量少的人做比较。因此，这句话的重点并非凸显比较关系，而是客观叙述被修饰名词的属性。在「糖分が多い果物はダイエットにふさわしくない」这样的句子中，很显然说话者在讨论减肥期间如何科学摄取食物，因此这句话暗含「糖分が少ない果物より、糖分が多い果物はダイエットにふさわしくない」的意思，我们甚至可以进一步认为，说话人其实想表达的是「糖分の少ない果物のほうがダイエットにふさわしい」。在这样的语境下，句子本身暗含比较的语气，比较对象的存在也是合乎情理的。因此，笔者认为应该将比较意义和单纯赋予属性的意义区别开来。

6.3.3 单个「多い」作定语

我们还需注意单个「多い」作定语修饰的特殊情形，梁红梅（2010）对此做了解释。

例（27）和例（28）均没有出现比较对象，「多い」直接用来修饰后面的「収入」与「資源」。梁红梅（2010）指出这样的句子较为少见，她认为例（27）「多い収入」指的是丰厚的收入，例（28）「多い資源」指的是储量丰富的资源。因此，这两个句子中的「多い」都不单纯表示数量，而主要表示被修饰语的特性、状态。

(27) 多い収入で豊かな暮らしをする。
(28) 多い資源だから無駄に使っている。［梁红梅，2010（14）］

综上所述，我们对「多い」作定语修饰名词的几种情况做了分析，认为如果「多い」出现在一个具有完整意义的名词修饰句节中时，是可以实现修饰名词功能的。这种情况大致分为以下3种：①当句子结构为「～が多い＋名詞」时，「～が多い」成为后续名词的属性或特征。②明示或暗示性地出现比较意思时，如用「～より」「一番」等词来对后续名词的属性、特征加以具体化。③在「多い資源/収入」等短语中，「多い」不单纯形容数量多，而是带有富饶、丰富、足够的意思时，句子成立的可能性也高得多。这种句子并不多见，只能特殊情况特殊对待。

6.4 「少ない」的用法

「少ない」意思是「数や量が小さい。すこしである。わずかである。とぼしい」。与「多い」的用法相同，「少ない」只能用来表示属性而不是数量，因此作定语修饰名词时也受到了诸多限制。「多い」作定语修饰名词的两个原则同样适用于「少ない」。

在例（29）中，与「多い」一样，「少ない」也不能用来表示数量，因此句子不成立。例（30）中的「口数が少ない」是父亲的特征之一，可以视为人物性格，「少ない」此处不直接形容父亲，而是用来形容发言少。例（31）出现了明显的对比，比较的对象是「予算」和「思っていた（金額）」，因此，此处主语前的定语修饰可作为整体看作其特征。例（32）没有比较对象，但可以从上下文中推断出说话者想要在"一般基准或普遍要求"与"更短的时间"之间做出比较。这些规则都与「多い」相同。首先，「～が少ない＋名词」这样的结构是成立的，如「口数が少ない人」「人事異動が少ない会社」，名词前面的词语都是该名词的定语修饰成分。同时，「より」「一番」等带有比较意味的词语可以突出比较对象，与「少ない」组合起来，一起实现定语的修饰功能，如「日本で一番少ない名字」「昨日より少ない人」等。但这里要注意的是，「多い」在特殊的情况下可以单独修饰名词，如「多い資源」「多い収入」等。梁红梅（2010）认为此处的「多い」不是单纯表示数量，更多的是强调资源的丰富和收入高，用来表示后续名词的属性。

(29) ＊今日は雨だから、少ない人が店に来ています。
(30) 普段から口数が少ない父は、わたしが東大に合格したのを聞いて、にこっと笑ってくれた。
(31) 先輩のおかげで、思っていたより少ない予算で、安心して充実の留学を経験できました。
(32) より少ない時間でより多くのことをする方法がこの本に満載されています。

笔者发现「少ない」单独修饰名词的句子比「多い」要多得多，日本

雅虎上有许多相关表达，如下所示。

> ★ 少ないお金で豊かに暮らす
> ★ 少ない収入でお金を貯める方法
> ★ 少ない人数で安全かつ効率的に作業する
> ★ 少ない水量で火災による延焼を防止することができる
> ★ 少ないものでスッキリ快適に暮らす
> ★ 少ない水で短時間でゆで卵を作る
> ★ 少ない素材でおいしいご飯を作る
> ★ 少ない油でとんかつを揚げよう
> ★ 本記事では、1,000文字必要と言われている理由と少ない文字数で上位表示させる5つのコツを約1,000文字で簡潔に解説しています。

　　这些句子毫无例外都是标题，都使用了「少ない＋名词＋で」的形式，此处「で」表示手段或方法。仔细来看，这些句子里都暗含比较意味。例如，一般来说，想要过富裕的生活就要有高收入，「少ないお金で豊かに暮らす」这个句子强调的是利用较少的金钱来过上宽裕的生活，因此可以认为「少ない」暗含着比较，跟人们观念中能过上好日子所需要的必要的金钱相比，即「豊かに暮らすために必要な金額」，整个句子可以变为「豊かに暮らすために必要な金額より少ないお金で豊かに暮らす」。同理，「少ない収入でお金を貯める方法」指的是即便收入很少，也可以存到钱。这里的「少ない収入」指的是比一般标准少的收入，即「一般基準より少ない収入で」，同样暗含着比较。「少ない人数で安全かつ効率的に作業する」一句中，想要安全且高效地完成任务，意味着需要更多的人手。而人手少则意味着要做的事情变多，会出现任务分派不明确、工作混乱等状况，就和"安全""高效"无缘。因此，这里暗含的比较是「安全かつ効率よく仕事を完成させるために必要な人数」。

　　鉴于篇幅关系，此处省略对其他例子的分析，但上述列举的句子结构可以统一归类为「少ない名詞＋で＋（達成させたい目標）」。之所以「少ない」可以直接用来修饰后续名词，笔者认为并不是因为「少ない」的意思发生了改变，而是因为「少ない」暗含特定的比较对象。与「＊少ない人が来ている」不同，上述列举的句子里的「少ない」不仅仅表示数量之少，更强调比一般基准少。

第6章 「多い」和「少ない」的名词修饰用法
——为什么「＊多い人が来るでしょう」是错句？

　　当然，笔者也注意到了非此类结构的句子，如「少ない量でも寄付できる」「少ない服を上手に着まわす」。虽然「少ない＋名詞」之后的助词换成了「でも」或「を」，但表达的意思与「少ない＋名詞＋で」没有区别，只是语气稍有不同而已。我们在分析「多い」的过程中几乎没有发现类似「多い＋名詞＋で＋目標」的表达方式，是因为这不符合人们的思维习惯和社会通用的规则。例如，「＊多い収入でお金を貯める」「＊多い油でとんかつを揚げる」这些说法都不成立，收入高自然就能存到钱，炸猪排本来就需要放入大量的油，说话时没有必要刻意强调收入之高和油量之多，也不存在比较对象，因此「多い」不能成为后续名词的特征或属性。总的来说，从语言搭配、语义自然度的角度来看，「少ない名詞＋で＋（達成させたい目標）」这个句型更合乎逻辑和常识。这也是「少ない」可用来直接修饰名词例子较多的原因。

　　不过要特别注意的是，「少ない」并没有「少なく」的说法[1]。另一个常见的相关单词是「少し」。「少し」有两个意思：一是表示数量少，如「本棚に少しの本がある」「少しの時間で効率よく仕事をする」；二是表示程度低，且多用于书面语，在口语中使用频率并不高，如「もう少しお待ちください」「この洋服は少し大きすぎる」「問題は少し改善された」。例如，「人が少し少ない」则是一个很好的例子，这里的「少ない」表示人数少，而「少し」则表示程度低，也就是人数有点少。

6.5　小　结

　　以上对「多い」和「少ない」作定语修饰名词的用法进行了分析和归纳，绝大多数情况下，这两个词只能在「名詞が＋多い/少ない＋名詞」结构或通过「より」「一番」来给出比较对象的句子中充当定语成分。需要注意的是，「少ない」直接修饰名词的情况要比「多い」多一些，主要是通过「少ない名詞で＋動詞」这样的文章标题来吸引读者。

---

[1]「少ない」直接接动词时会变形为「少なく」，如「水の量を少なくする」。此处的「少なく」不单独成词，只能看作「少ない」的连用形。

第7章
「遠い」的名词修饰用法
——为什么「＊遠いスーパーに行きたい」是错句？

以下段落出自笔者所教的一名大一学习者在课堂上的演讲，内容是就「最近起こった悲しいこと」这个题目来介绍发生在自己身边的小事。

最近起こった悲しいこと

その日、私はルームメイトと喧嘩しましたから、気分がよくないです。一人で自転車で学校の近くの公園へ行きました。天気がとてもよかったですから、最初はとても嬉しいです。しかし、公園に着いて、でも、閉まりました。私は知らないです。公園の人に原因を聞きたいですが、だれもいませんでした。ですから、また気分がとても悪くなりました。＊寮に帰りたくないので、そのあとは遠いスーパーに行きたいです。でも、道がとても混んで、バスが全然動きません。ずっとバスの中で待っていました。そして、スーパーに着いたのは夜の8時ごろでした。そして、食べ物を買って、バスで学校に帰りました。その日は本当に悲しかったです。

画线部分的句子让人觉得有些奇怪，说话者想表达的是"因为我不想回宿舍，所以想去很远的超市"。"很远的超市"理应对应日语的「遠いスーパー」。但此处要把「遠い」替换成对应的连用形「遠く」，句子才变得通顺。为什么「遠いスーパー」不成立呢？根据语法规则，和「大きい花」「元気な女の子」一样，形容词修饰名词是其基本功能之一。这么看来，「遠い」似乎与上一章谈论的「多い/少ない」相同，单独修饰名词时用法受限。下文将谈及「遠い」和「遠く」的用法及两者之间的区别。

第7章 「遠い」的名词修饰用法
——为什么「＊遠いスーパーに行きたい」是错句？

7.1 「遠い」的语义

根据《明镜国语词典》的解释，「遠い」主要有以下6个意思。

① 距離の隔たりが大きいさま。
　例：会社は駅から遠い/遠い国の出来事
② 時間の隔たりが大きいさま。
　例：遠い将来の夢/遠い昔の記憶
③ 血縁関係や人間関係が薄いさま。
　例：遠い親戚に当たる人
④ 性質、内容、状態などの差が大きい。似ても似つかない。
　例：理想から遠い政治/名人と言うには遠い技量
⑤ 「『耳が遠い』『電話（の声）が遠い』などの形で」よく聞こえないさま。
　例：このごろ耳が遠くなった。
⑥ （「気が遠くなる」の形で）意識が薄れる。意識を失う。
　例：頭を打って木が遠くなる/気が遠くなるような天文学的数字

前4个义项可以简单归纳为「2つのものが空間的、時間的に、また心理的に、血縁的に離れている」，一般用来形容空间距离遥远、时间间隔久远、心理距离遥远或血缘关系疏远。最后2个义项中，「遠い」基本以词组的方式呈现，如「耳/電話が遠い」。相对而言，「遠く」的语义可以简单总结为「遠いところ、遠方」。「遠く」的语义远没有「遠い」那么丰富，它只用来形容空间距离遥远。

7.2 「遠い」与「遠く」可否互换？

在过往的研究中，「遠い」经常与「多い」「少ない」一同被提起，也被视为不能直接作定语修饰名词的形容词。

(1) 本屋は遠い。
(2) ＊遠い本屋まで本を買いに行った。［木下りか，2010（33—34）］

从以上例子来看，「遠い」似乎只能充当句子的谓语成分，不可作定语

修饰名词。在阅读文献的过程中，笔者发现有部分研究者认为这两个词不能单独修饰名词，除非将其替换成连用形「遠く」。但实际上，通过以下3个例句，我们可以发现事实并非如此。相反，我们可以说「遠い」作定语时表达形式较多，有"连用形＋助词の"的形式，有短语形式，还可以用连体形直接修饰名词。

(3) 駅から遠い家では人の流入も少なく、繁華街などの商業施設も少ないため、静かに生活を送ることができます。
(4) およそ人類が居住している村で、もっとも外部の旅行者が到達しにくい「極地」を上げるとすれば、英領トリスタン・ダ・クーニャ（Tristan da Cunha）ではなかろうか。イースター島と並んで「世界で一番遠い島」あるいは「世界最遠の孤島」とされる土地である。
(5) 展望ラウンジの展望台に上がると、遠い山々はガスっていたが、三角山、jrタワー、荒井山、円山、神社山、藻岩山と見渡せた。

由例(3)、例(4)、例(5)这3个句子可见，「遠い」都是修饰名词的定语。「遠い」不仅可以像例(3)和例(4)那样作为连体修饰中的一个成分来修饰名词，还可以像例(5)一样单独修饰「山々」。与例(2)相比，为什么会出现这样的状况呢？「遠い」什么时候可以单独修饰名词？什么时候不可以修饰名词？和「遠く」有什么区别？这些问题都有待考证。

7.3　先行研究与问题所在

7.3.1　先行研究

国广哲弥（1982）对「遠い」的性质做了如下说明：「場所などの対象物そのものに備わった属性ではなく、もうひとつの対象物との相関関係」，即「遠い」本身不表示场所所具备的属性，而是表示两个场所或两个比较对象之间的相关关系。木下りか（2004）对「遠い」作定语的可能性做了分析，认为在「比較の文脈（有比较对象存在）」「ふたつの地点を表す表現との共起（上下文中给出起始点和终点）」这两种语境下可以成立，

如例（6）和例（7）。

(6) うちの前を掃除するついでにそっちまでしちゃう。隣よりもうちょっと遠い家でもやっぱりやっちゃう。［木下りか，2004 (35)］

(7) 学校から遠い家は、交通量が多い中、雨の日は心配です。［木下りか，2004 (39)］

例（6）中，通过「より」明确给出了比较对象「隣」。「隣よりもうちょっと遠い（比邻居家更远一些）」赋予了被修饰名词「家」新的属性。例（7）中「（場所）から遠い家」给出了路程的起点和终点，「遠い」形容的是「学校」到「家」路程之远，通过给出地理坐标，让听话者直观感受到空间距离的远近[1]。木下りか（2004）还指出，即便文中没有给出衡量距离的标志性地点，只要能通过上下文读取到相关信息，句子也可以成立，如例（8）。

(8) 明日はカンガルー島に行くので6時25分学校集合です。遠い家にステイしている生徒は、学校に近い家のところに泊めてもらいます。［木下りか，2004 (44)］

单看「遠い家」，我们无从知晓「遠い」形容的是从何处到「家」的距离，但观察上下文，可以发现动作的起点在学校。木下りか（2004）对「遠い」不能单独修饰名词的情况也做了说明。她认为例（9）是不符合语法的句子，正确说法应该为例（10），在表示"远处的房子"这个概念时，需要用「遠く」来替换「遠い」。

(9) *痩せた畑でウシがスキを曳いている。遠い家の屋根から炊事の煙が上がる。［木下りか，2004 (48)］

(10) 痩せた畑でウシがスキを曳いている。遠くの家の屋根から炊事の煙が上がる。［木下りか，2004 (48)］

---

[1] 木下りか（2004）将这一原因归结为「遠近判断をする際の比較対象の存在が明示化されている」（明确标示出可供听话者判断距离远近的比较对象）。

木下りか（2004）将以上句子定义为「現象描写文」，指出「遠い」在「地点が視点の位置となる（本身所在地是视点所在位置）」的时候，不能直接修饰名词。她认为例（9）不成立的根本原因是没有给出距离的比较对象，木下りか（2004）给出了以下说明。

「遠い」は視点の位置からの見え方について述べる場合には用いられない。これは、平面上を動き回る視点の位置から別の地点までの距離を比較することはできないからだと考えられる。つまり比較対象が明示的にはなり得ないのである。

在例（9）中，说话者所置身的位置就是视点所在之处，说话者从自身角度出发，以自己的视点来定义距离的远近。在这种情况下，视点处于「平面上を動き回る」的状态，即在平面上四处移动。按照木下りか（2004）的分析，这样一来，距离远近无法判断，因此，「遠い」无法直接修饰名词。例（11）和例（12）中都出现了动词「見える」。而「見える」表明这一行为的主体是客观存在的，并且这个主体对距离有所感知和判断。但即便是这样，我们仍然对此处的「遠い」指代的距离感毫无概念，因此例（11）也不成立[1]。

(11) *雨のベールに包まれていた<u>遠い家々やビル</u>も、今やはっきり見える。[木下りか，2004（54）]

(12) 雨のベールに包まれていた<u>遠くの家々やビル</u>も、今やはっきり見える。[木下りか，2004（54）]

筱崎大司（2005）也对「遠い」和「遠く」的用法做了比较细致的归纳。他认为「遠い」单独修饰名词的场合主要有「距離感」和「様態」两种。如例（13）的4个句子表示的是「距離感」，分别表示时间间隔久远、空间距离遥远、心理距离遥远和血缘关系疏远。表示「様態」的是例（14），此处的「遠い」可以与「長い」互换。

---

[1] 例（9）—例（12）的分析均来自笔者，木下りか（2004）仅做了笼统的说明，未给出具体讲解。另外，该分析的合理性留在下一节讨论。

(13) a. まじ真面目人間の荒井には、若い女に対する免疫ができていない。妻の智子が（遠い ＊トオクノ）昔にそうだったように、晃子の裸身は、光り輝いていた。
b. 実際の運動は（遠い ＊トオクノ）山形県で行われていたのだったから。
c. 藤壺の官は、源氏にとって、ますます（遠い ＊トオクノ）ひととなった。
d. 「どや、（遠い ＊トオクノ）親戚でもおらんのか、ここへ来てさえくれたら、出したるで」〔筱崎大司，2005（21—24）〕
(14) 古い時間表をめくってみた。どっか遠い旅に出たいものだと思う。〔筱崎大司，2005（19）〕

筱崎大司（2005）指出，「遠い」在表示「距離感」时，使用频率最高的是时间间隔遥远这个意思，如「遠い昔/過去/先」等。在例（14）中，「遠い」被解释为「『旅』『航海』『道』など空間的な移動またはそれに関係のある名詞と結びついたときだけ、性質の表現になる可能性をもっている。こういう『とおい』は『ながい』におきかえても文は一応成り立つ」（西尾寅弥，1972）。也就是说，「遠い」在修饰旅行等表示空间移动的名词时，可以用来表示旅途的遥远。此处的「遠い」形容的是事物或事件本身的属性。相对而言，「遠くの＋名詞」主要用来表示「空間的距離—存在の仕方」，如例（15）所示[1]。

(15) 車や電車を使わず、できれば、午前と午後に2回に分けてチョット（＊トオイ　遠くの）スーパーへ買い物に行こう。
〔筱崎大司，2005（32）〕

---

[1] 大岛资生（1995）指出，「数量詞＋の＋名詞」中的数量词都可以用来表示「存在の仕方」，如「3人の学習者」「5冊の本」都可引申为「3人（存在する）学習者」「5冊（存在する）本」。筱崎大司（2005）认为「遠くの」也有这个功能，例（15）中的「遠くのスーパー」可以替换为「遠くにあるスーパー」，句子的重点在于强调超市存在的场所。

以上介绍的是日本学者对「遠い」和「遠く」的比较。中国语法学者对此知识点展开研究的较少，梁红梅（2010）是代表之一。梁红梅认为「遠い」在表示时间间隔久远或心理距离遥远时，可以视为一种属性，因此「遠い昔」「遠い関係/間柄/親戚」等短语都是成立的。但很明显这种说法也不够全面，如在例（5）中，「遠い山々」里的「遠い」表示的是空间距离。

7.3.2 先行研究的问题点

先行研究具体翔实，运用了大量的实例来证明，但其中仍有些问题没能厘清。笔者认为先行研究还存在一定的局限性，需要进一步的解释和说明。

木下りか（2004）主要的分析对象为"现象描写句"（「現象描写文」），他运用视点概念对「遠い」作定语受限的状况做了说明，指出「地点が視点の位置となる」的时候，「遠い」不能单独修饰名词，其深层原因是没有给出比较的地点。但笔者认为这个说法站不住脚，比如，例（9）中，读者可以将此处的比较对象视为说话者（文章作者）所在的场所和远处的人家。为什么在这样的情境中「遠い」不能单独修饰后面的「家」呢？我们需要对「現象描写文」的性质做更多的阐述。三尾砂（2003）指出，「現象描写文」是「話し手が現前で知覚した事態を表す文章（说话者记录下的眼前发生的事态）」，这类句子多出现在小说或散文等体裁的文章中。通过作者的描写，我们可以在脑海中勾勒出这样一幅画面：一台摄像机追随着主人公，拍摄主人公和他周围的环境。镜头里，主人公站在一片荒芜的农田中，紧接着镜头一转，我们又看到牛拖着沉重的铁犁。镜头再向前延伸，好像有人在眺望远方，长镜头拍摄的画面里显示出远处有人家，房子的烟囱里正冒着袅袅炊烟。当然，描述以上画面采取的是客观的第三者视角。除此之外，还可以把镜头所在位置视为主人公视角，透过主人公的双眼去感知外部世界，眺望远处的村落。视角既可以是说话者本人，但这并不妨碍视角人物描述距离的远近。因此，木下りか（2004）举出的几个例子，视点

概念还不足以解释例（9）和例（11）不成立的原因[1]。

筱崎大司（2005）对「遠い」和「遠く」的几个用法做了说明，但并未对二者都表示空间距离时的区别做出相应的解释。

综上所述，以往的研究主要对这两个词的区别做出了一定的解说，木下りか（2004）认为必须明确提供比较对象，筱崎大司（2005）认为二者的意思中有一定的共性，但并没有具体指出二者的区别。

在厘清二者语义的基础上，我们对二者在表示空间距离时的区别做了比较和分析。

7.4 「遠い」和「遠く」的区别

词典释义和以往研究都证实了「遠い」的语义远比「遠く」要广，前者还可以表示血缘关系疏远、心理距离遥远、时间间隔久远等。接下来，我们来简略看看「遠い」的5个主要语义。例（16）的5个句子是笔者在雅虎日本的搜索引擎上检索「遠い」所得。

(16) a. 遠い山奥に行ってしまいたい。
　　 b. 彼はまたふと、一年半の戦場の生活を、遠い昔のことのように思いだす。
　　 c. 海外旅行などは今の私から遠い話だ。
　　 d. 昨日、遠い親類が一人訪ねて来た。
　　 f. 生みの母に初めて離れて遠い旅に出るこの子の母はよく言ってきかした。「ね、坊や、自分のことはみんな自分でするのですよ」。

我们可以把例（16）里5个句子中的「遠い」进行简单的分类。a表示的是"空间距离遥远"，b表示的是"时间间隔久远"，c表示的是"关联性

---

[1] 笔者认为木下りか（2004）的说法有片面之处。因为听话者无法从判断说话者的位置和视点所在地，也无法通过语言描述来判断距离远近。在这样的情况下，仅说话者单方面拥有视点相关信息，听话者无法对距离远近做出判断。因此在「現象描写文」中，「遠い」不可以用来单独形容名词。

小、关系不紧密"，d表示的是"血缘关系疏远"，f是筱崎大司（2005）指出的「様態」，可以与「長い」互换。在以上这5个句子里，「遠い」都可以单独形容名词。这些句子的语境也各不相同。a句表示的是说话者的愿望，b句的「遠い」指的是「今の時点から遠い将来/昔/過去」，时间久远的参照点是主人公「彼」当下所处的时间点。c句的意思是海外旅行对说话者来说不太现实，因此这里的「遠い」可以被理解为心理距离遥远。这一句隐含比较对象，这个比较对象即"现阶段的我"。整个句子可以理解为「海外旅行などは今の私から遠い話だ」。d句的「遠い」指的是血缘关系疏远，即「血縁関係が遠い」，后面多接「親戚/親類」这一类词。日语中有句歇后语「遠くの親戚より近くの他人」，直译为"（危急时刻）比起远方的亲戚，住得近的人更能帮得上忙"，这里的「遠く」表示的是物理距离的遥远。如果换成「遠い」，意思则变为"比起远房亲戚，住得近的人更能帮得上忙"。虽然句意能说通，但结合语境，还是「遠く」更为恰当。f句则形容路程遥远，「遠い旅」表示遥远的旅程。

7.4.1 「遠い」和「遠く」以名词修饰节形式出现的场合

「遠い」和「遠く」的名词修饰节形式，正如国广哲弥（1982）所述，「遠い」一般不表示事物本身的属性，而是表示两个比较对象之间的关系。换言之，想要做出距离是否远近的判断，就得对这两个比较对象进行比较。因此，「遠い」以名词修饰节形式出现时基本上会给出两个地理坐标，直观地向听话者说明二者之间的距离。例如，「ここから遠い駅」「大学まで遠い場所」「学校より遠いスーパー」之类的表达是「遠い」常见的表现形式，通过「から」「まで」「に」之类的助词给出动作的起点或终点，或者通过「より」给出具体的比较对象。经过这样的操作后，「遠い」与其他要素合在一起，再整体修饰名词。与上一章提到的「～が多い＋名词」或「～より多い＋名词」结构一样，「～から/まで遠い」「～より遠い」这类句型赋予了后续名词新的属性或特征（特徴づけ/属性づけ）。例（17a）和例（17b）中的「遠い」都不能替换为「遠く」。

第7章 「遠い」的名词修饰用法
—— 为什么「＊遠いスーパーに行きたい」是错句？

(17) a. 日本で一番海から遠い場所は、本州の中央付近、長野県佐久市（旧南佐久郡臼田町）田口榊山に存在する地点です。

a'. ＊日本で一番海から遠くの場所は、本州の中央付近、長野県佐久市（旧南佐久郡臼田町）田口榊山に存在する地点です。

b. 今週のお題「遠くへ行きたい」。これを見てふと、「私が今まで行った一番遠い場所ってどこだろう」と思いました。

b'. ＊今週のお題「遠くへ行きたい」。これを見てふと、「私が今まで行った一番遠くの場所ってどこだろう」と思いました。[1]

「遠くの場所へ行きたい」或单独使用「遠く」（「遠くへ行きたい」）是合乎语法的，但前面不可以再加上其他修饰语。另外，「遠い」还可以表示感觉、知觉的迟钝，一般以「耳が遠い」「気が遠い」「電話/声が遠い」等固定词组出现。同样，我们不能把「耳が遠い人」说成「耳が遠くの人」。对于二者名词连用形的用法，筱崎大司（2005）曾经指出「遠く」不能与「から/より」等格助词连用。但实际上，如例（18）a 所示，笔者在对 BCCWJ 检索后发现了「遠く」与格助词「から」的连用表达。由于此类句子甚少，我们可以认为是特例。但需要注意的是例（18）b，「はるか」「どこか」「何か」等与「遠く」搭配使用的表达很多。

---

[1] 例（17a）和例（17b）为笔者通过雅虎日本检索到的句子。另外，此处的语法交由 3 名日语母语者进行判断，3 人均表示例（17a'）和（17b'）不成立。

> (18) a. 幸運は自分にとても近いところにある。わたしはそう思っています。そして、それが分からない人は、<u>自分から遠くの場所</u>で幸運を探そうとします。その結果ますます幸運は見つからなくなります。(BCCWJ，PB41_00053)
> b. 2月にインドネシアのスマトラ島沖で起こった大地震では、インドネシア、タイ、スリランカ、インドなどに津波がおしよせ、たくさんの人がなくなる、大きな被害をもたらしました。日本でも過去に、<u>はるか遠くの地域</u>で起きた地震によって津波がおそったこともあります。津波警報が出たら、海岸から高いところににげなければなりません。(BCCWJ，PB54_00087)

总的来说，「遠い」与「遠く」都可以以名词连用形的形式修饰名词。

7.4.2 「遠い」单独修饰名词的场合

当「遠い」单独形容名词时，一般有4个义项：血缘关系疏远、心理距离遥远、时间间隔久远、空间距离遥远。在对话中，说话者和听话者一般会在时间、空间距离的判断上形成某种共识。按生活常识来说，血缘关系亲疏和心理距离远近一般靠说话者个人判断。

7.4.2.1 血缘关系疏远

在这一义项中，「遠い」一般用来单独修饰名词。例如，在「遠い親戚/親類」这样的表达中，把「遠い」中包含的人物关系信息补充完整，则变为「私と血縁関係が遠い親戚/親類」。血缘关系的亲疏是非常客观的事情，判断血缘关系亲疏的主体是说话者，不需要与听话者产生共鸣，也就是说二者想法不需要保持一致。如例（19a）所示，只要说话者说出「遠い親戚」，听话者自然能联想到他在谈论自身的事情。这是说话者和听话者之间的默契，因此这里不需要特意在「遠い」前面加上修饰语——「私と血縁関係が～」。当然，如果要对本人以外的其他人物的远房亲戚做出表述时，可以如例（19b）那样[1]。

---

[1] 除此之外，还可以用「王さんの遠い親戚」这种表达来表明血缘关系的疏远。

> (19) a. 遠い親戚の子供が今年から小学生になります。遠いといっても少々の付き合いがあるので、入学祝をしようと思います。予算は三千円で、男の子です。何がよいでしょうか？
>
> b. 王さんには遠い親戚がいて、アメリカの一番大きな金融会社で働いている。

因此，在表示"血缘关系疏远"这个意思时，只要「遠い」是单独出现的，由于上下文中已经给出了相关信息，听话者就能根据生活经验和与说话者之间的默契来了解相关信息。反过来，因为听话者有正确的认知，所以不需要在上下文中给出比较对象。

7.4.2.2 心理距离遥远

心理距离的远近依赖于感知主体，也就是「私から見れば、心理的に遠いと感じる」。例（20a）「私には」，意思是"海外旅行于我而言是一件遥远的事情"。这里的「遠い」与上一节提到的"血缘关系疏远"十分类似，说话者只需要自行做出判断，不需要与听话者产生共鸣。因此，就算删除例（20a）里的「私には」，句子变为例（20b），听话者也能马上意识到这是以说话者个人标准来衡量的心理距离。

> (20) a. 海外旅行などは私には遠い話だ。
> b. 海外旅行などは遠い話だ。

不妨再来看看日本歌手イルカ的作品「遠い人になっても」的歌词。

遠い人になっても

歌手：イルカ
作詞：イルカ
作曲：イルカ

このままあなたにさそわれるままに
どこまでも一緒に歩いて行けたら
どんなにいいでしょう…あなたの腕にすべてまかせて
黄昏の街をそよ風の様に吹かれて
淋しさに負けそう　そんな夜には
いつでもダイアルしているのよ
受話器をかけたまま　私だけのあなたへ
このまま少しずつ<u>遠い人</u>になってしまうの…？
「君をまだ帰したくない…」
いつも目だけでそう言うの
言葉に変えたら　帰れないから
それを知ってる　あなたのやさしさ
悲しい程わかっていたのに…
もっと強く愛されたかったから今でも
あなたの心が雨に打たれても
あなたのもとへは　あまりにも遠くて
いつでも私の愛は　あなたを包んでいると
あの時の約束　いつまでも忘れないで
その手にふれたら…AH…もう…戻れないから

　　这是一首抒情歌曲，表达的主旨是意中人离"我"逐渐远去，"我"不敢向恋人表达心意，因恋人离自己远去而深感悲伤。听众在悲伤之余也可以和作者产生共鸣，但实际上这首歌里描写的距离感完全是说话者个人的感知，我们无从得知作者笔下的"遥远"到底有多远。心理距离远近的感知主体是说话者本人，其他人不能代替他们做出判断。这也就意味着在这种场合，说话者自动将自己所在的位置设定为丈量距离的起点，即「今、私がいる場所」（现在我所在的场所），因此「遠い」中的完整距离关系应为「今、私がいる場所から遠い」（或「今の私から遠い」）。起点并不一定要在说话者这边。例（21）的两个例句衡量心理距离远近的起点都不在说

话者这边。

> （21）a. 海外旅行などは彼には<u>遠い話</u>だ。
> 　　　b. 上京した彼女は彼には<u>遠い存在</u>になってしまった。

这两个句子都是成立的。a 句的意思是"海外旅行对他来说是一件很遥远的事情"，b 句的意思是"去了东京的她，对他来说已经成为一个遥远的存在"。很明显，比照距离远近时，起始点都在「彼」身上，最终分别落在「海外旅行」和「上京した彼女」上。即使去掉「彼には」，「遠い」仍然可以直接修饰名词。例（22）和例（23）的对话均为对例（21）中两个句子的补充。

> （22）A：田中くん、近頃海外へ行くんだって。
> 　　　B：そうなの？ その話聞いてないな。
> 　　　A：アメリカに一か月行くって、旅行で。
> 　　　B：そんなはずがないよ。残業で忙しくて睡眠時間も確保できてないって昨日言ってたよ。海外旅行なんて、<u>遠い話</u>だと思う。
> （23）A：田中くん、彼女と別れたみたい。
> 　　　B：そうなんだ。だから最近元気ないんだ。
> 　　　A：うん…彼女がさあ、東京行って、大手企業に勤めて、俺らみたいに一生地元にいる奴と違うんだよな。
> 　　　B：そうだね…でも、やっぱり田中くんは早いうち彼女と別れたほうがいいんじゃない？ もう<u>遠い存在</u>になっちゃったから。

这两个句子虽然都没有用到「彼には」这样的表达，但在交流过程中，听话者能理解到实际含义是「海外旅行などは今、彼から遠い話だ」「上京

した彼女は、彼から遠い存在になってしまった」[1]。总的来说，在表示心理距离遥远的时候，「遠い」一般表示说话者自身的判断。在对话过程中表示距离感的起点，无论是说话者还是说话者口中的其他人或事物，听话者都能够根据上下文准确获取相关信息，说话者也就不用再赘述视角所在处或落脚处等信息。因此，「遠い」在表示心理距离遥远时可以单独修饰名词。

7.4.2.3 时间间隔久远

筱崎大司（2005）指出，「遠い」单独修饰名词时，出现得最多的是表示时间间隔久远的用法，如例（24）中的「遠い昔/先」。

> (24) a. 明日という日が遠い先のことのように感じられた。
> b. 4月から社会人になったばかりですが、環境が変わりすぎて、もう学生の時代が遠い昔のように感じます。（笔者自拟）

不难发现，在这两个句子中，「遠い先」「遠い昔」，都是以说话者当下的时间节点为基准，在时间轴上往未来或过去的方向无限推进（图7-1）。因此，可以认为说话者的视角直接指向说话者所在位置，即「今、私がいる時点」。说话者省去了对自己所在场所的介绍，但我们可以认为说话者在传递这些信息时，默认听话者或交谈对象具备判断其目光望向何处的能力。也就是说，说话者和听话者之间形成了一种默契，那就是「遠い」的比较对象是「今、私が存在する時点」和「私が眺めている時点」。因此，在表示时间间隔的时候，无须对自身所在之处进行说明。

---

[1] 例（21）、例（22）、例（23）中的句子都与「海外旅行は私には遠い話だ」有明显的不同。那就是，海外旅行对他来说有没有可能、可能性有多大，女朋友对他来说是否已经不再亲近，对这些问题做出判断的并不是他本人，而是说话者。因此，句子中的「遠い」指的是「話し手が考えている『遠い』」。相对而言，「海外旅行は私には遠い話だ」中，说话者讨论的是自己与他人的距离。从这两个对话中可以看出，只要有合适的语境，在表示心理距离时，「遠い」既可以用来形容某人或某事物让说话者感到遥不可及，还可以从说话者的角度来对他人的情感做出分析、评价。

第7章 「遠い」的名词修饰用法
——为什么「＊遠いスーパーに行きたい」是错句?

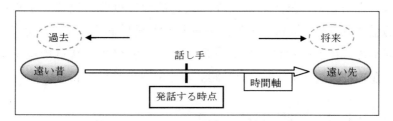

图 7-1 「遠い＋時間名詞」所示的时间轴

当然,「遠い」也可以用来表示他人的心理距离。如例(25)不表示说话人的自我感知,但在这种文学性极强的句子中,我们可以将其视为一种沉浸式的视角描写。作者虽然讲述的是久美子的故事,但作者完全以久美子的视角(或口吻)来对她进行心理分析,再描述她的所感所知。这一点也可以被「気をゆるしていた」和「愕然とした」等心理描写证实。因此,这里的「遠い」说的好像是「久美子が発言する時点から見る遠い将来」,其实「久美子」就是说话者本人。

(25) 遠い将来のことだろうと気をゆるしていたが、意外にも早くやってきたので、久美子は愕然とした。

在例(26)中,说话者口中的「遠い先」是以听话人所在的时间节点来衡量时间间隔久远的,但我们不需要刻意补充「今の君から」这个信息。

(26) 老後とか、遠い先のことは考えなくていいよ。まだ中学生なんだから。

总的来说,「遠い」在表示时间间隔久远的时候,无论是形容遥远的未来,还是形容遥远的过去,时间间隔的比较对象都是易于把握的,因此,它单独形容名词的可行性也就大大提高了。

7.4.2.4 空间距离遥远

例(27)的3个句子也和前面的说明一样,起点都在说话者当下所在的场所,即「今、私がいる場所」。同时,不难发现,在这3个句子中,「遠い」不仅仅用来形容空间距离的遥远,它还暗含说话者的主观情感,即心理距离的遥远。a句中说话者表示自己想要离开现在所在的场所,去遥远的大山里。b句说的是说话者喜欢的人要离开自己,去遥远的地方。c句说

的是因为假期太短，没法离开所在地去远的地方度假。这些句子里都含有明显的感情色彩，a 句和 c 句带有一种无法实现愿望的遗憾，b 句表达了对恋人的不舍。在说话者描述自身事情时，听话者很容易通过语境感受到距离感。在这种情况下，「遠い＋名詞」成立的可能性要大得多。

> （27）a. 遠い山奥に行ってしまいたい。
> b. 好きな人が遠い場所に引っ越してしまうことになったけど、この恋は終わりにしないといけないのか。そんな不安を抱えてはいませんか。
> c. 休暇が短いから、遠いところには行けない。

总的来说，在表示血缘关系疏远、心理距离遥远、时间间隔久远、空间距离遥远的时候，「遠い」自动包含了视角所在地，且多数是说话者自身所处的时间节点或场所，就算不明说，听话者也能迅速把握相关信息。如表 7-2 所示，笔者对「遠い」修饰名词的情况做出了分类。

表 7-2 「遠い」作定语修饰名词的几种情况

修饰名词的形式	格助词或副词的出现方式/语义	例句
以名词连用形出现	通过「より」等明确标示出比较对象	宇宙より遠い場所
	通过「一番」「最も」等限定其范围	日本で一番遠い駅
单独修饰名词	血缘关系疏远	遠い親戚/親類
	心理距离遥远	遠い存在/遠い人
	时间距离久远	遠い昔/遠い将来
	空间距离遥远	遠い山々/遠い場所
	「様態」（路程）	遠い旅/道

八亀裕美（2015）指出有很多表达已经成了固定搭配。在表示时间间隔久远时，有形容过去的「遠い昔」「遠い過去」「遠い記憶」和形容将来的「遠い先」「遠い話」等表达；在表示心理距离遥远和血缘关系疏远时，有「遠い存在」「遠い親戚」「遠い先祖」等。除此之外，她还认为当被修饰名词为形式名词或语义比较模糊、笼统时，「遠い」还可以表示「認識が届かない、理解の域を超えている」（认识不够深刻，超出理解范围）。

笔者认为例（28）3 个句子中的「遠い」仍应视为"心理距离遥远"，因为认识不够深入或超出理解范围意味着对某件事情或某人感觉陌生，从

而在心理上感到遥远或有隔阂。

(28) a. 教科書や本を読んで知っていた「戦争」がひどいことだと思ってはいたけれど、何か遠いことのように思っていたぼくたち。
b. 勝利の報せばかりが続き、死はまだ遠い世界の出来事であった。
c. 物理的には近くても、心理的には非常に遠いところにあるのです？（八亀裕美，2015）

7.4.3　「遠く」单独修饰名词的场合

7.4.3.1　表示绝对距离的「遠く」

八亀裕美（2015）认为「遠く」单独形容名词的时候，主要有以下两种情况：一是距离感十分模糊的情况，经常和「どこか〜」「はるか〜」「〜ほう」「〜もの」「〜何か」连用。二是表示存在，如「遠くの親戚」指的是「遠くにいる親戚」。

(29) a. ペットボトルの水を飲みながら、おにぎりを頬張った。窓の外には、早くも海が広がっている。今日は雲の少ない晴天で、遠くの海面はきらきらと光り、手前では白いしぶきが上がっていた。
b. 愕然とし、立ち尽くした。節子の目は、なぜか窓の外に向けられていた。朝焼けが遠くの雲を赤く不気味に染めていた。
c. 骨の入った小さな箱が気持が悪かったんじゃないかな、習慣の違いよね。それでみんな部屋のはるか遠くの方から目礼だけして、そそくさと帰って行ってしまったのよ。骨箱に近づきたくないのね。
d. でも、めがねはつかれる。遠くのものははっきり見えるようになりましたが、近くのものはぼやけてしか見えません。（八亀裕美，2015）

> (30) a.（「遠くにいる」と置き換え可能）役目をきちんと果たし、人間の命令をよくきくのも、群れを作る動物の性格です。また、ウオーンという遠ぼえは<u>遠くの仲間</u>に知らせる声で、遠くで鳴く声につられて鳴いてしまうようです。
> b.（「遠くにある」と置き換え可能）眠ったふりをしていると、黙って静かに行燈に油を差して出て行った。廊下をへだてた<u>遠くの部屋</u>から、芸者や幇間を上げて、歌ったり踊ったりしている物音が聞えてくるが（後略）。（八亀裕美，2015）

例（29）是八亀裕美（2015）就「遠く」的第一个用法给出的例子，「遠くの海面」「遠くの雲」「遠くの方」「遠くのもの」这4个表达对遥远的定义都非常模糊。我们可以勾勒出"远方"的画面：站在辽阔的大地上，放眼望去，天上有白白的云朵，远处有一眼望不到边的大海，但我们始终无法对距离感做出一个准确的描述。b句中「遠くの雲」说的是远在天边无法触碰的云，而d句里「遠くのもの」指的是眼前的物体，距离感既可以很近，也可以很远。而在例（30）的两个句子中，「遠くの仲間」和「遠くの部屋」均可以替换为「遠くにいる」或「遠くにある」。不难发现，这6个句子中都没有包含视角所在地。"遥远"只是一个笼统的地理概念，并没有针对某事物或某人做比较。

由上述分析可知，「遠い場所」和「遠くの場所」各自强调的重点不同：二者都形容的是遥远的场所，但由于「遠い」带有比较的意味，因此实际上指的是「ある一定の場所から遠い場所」，丈量距离的起点在说话者这边（或话题所在某处）。而「遠くの場所」指的是"远方"，此处的"远方"指的是对谁而言都很遥远的地方，概念比较模糊。我们不妨将「遠い」定义为"相对距离的遥远"，也就是说，在说话者和听话者共享的信息圈内可以找到视角所在地和凝视的地方，距离主要靠参照物来判断；而「遠く」则多用来表示绝对距离，不需要参照物。

7.4.3.2 表示存在的「遠く」

(31) ＊寮に帰りたくないので、そのあとは遠いスーパーに行きたいです。

例（31）中画线部分的「遠いスーパー」应该替换为「遠くのスーパー」。这里不能用「遠い」是因为听话者无法体会到说话者的距离感。对于说话者提到的「遠いスーパー」，很明显我们找不到一个具体的参照物来丈量其距离。但如例（32）和例（33）所示，只要上下文体现出对比关系，凸显超市与「ここ」的距离，「遠いスーパー」便可成立。由于例（32）中说话者要表达的是自己想去远处的超市，话语重点并非强调其所在位置与超市的距离，因此需要把「遠い」替换为「遠く」。「遠くのスーパー」实际上指的是「遠くにあるスーパー」，强调的是超市所在的场所。

(32) ゆっくりと散歩したい気分だから、＊遠い（遠くの）スーパーに行きたいです。
(33) a. ゆっくりと散歩したい気分だから、ここから近いスーパーより、（ここから）遠いスーパーに行きたいです。
b. A：今日は近いスーパーに行く？遠いスーパーに行く？
B：ゆっくりと散歩したい気分だから、遠いスーパーに行きたいね。（笔者自拟）

例（34）的两个句子均合乎语法，但 a 句对应的是血缘关系疏远的远亲，b 句则表示住在远处的亲戚，即「遠くにいる親戚」。

(34) a. 遠い親戚より近くの他人。
b. 遠くの親戚より近くの他人。

由上述分析可知，此处二者侧重点各有不同，与「遠い＋名詞」凸显距离感相比，「遠くの＋名詞」强调的是被修饰名词的存在场所。说话者的视角所在地是当时所在的场所，目的地是距离说话者很远的超市，但听话者对说话者「発話した際にいる場所」这一信息是陌生的，因此此处的「遠い」要替换为表示模糊距离的「遠く」。

> (35) 車や電車を使わず、できれば、午前と午後に2回に分けてチョット（＊トオイ　遠くの）スーパーへ買い物に行こう。
> ［筱崎大司，2005（32）］

首先，在例（35）中，虽然说话者的视角所在地可以设定为「今、私がいるところ」，但对于听话者来说，此处的「スーパー」是有所指的，也就是说，说话者心中已经有了一个具体的物象，是位于某处的超市。而对于听话者来说，这个信息并不明确。其次，如果附近超市众多，说话者再给出比某某超市更远一些的信息，如「隣のスーパーよりちょっと遠いスーパーへ買い物に行こう」，这样句子则有了合理性，比较的关系才能成立。「遠い」必须要在有比较关系的情况下才能成立[1]。

「遠いところへ行きたい」是正确的，而「＊遠いスーパーへ行きたい」则需要一些特定的语境。除了之前提到的「遠いところ」已是一个固定短语这一原因外，还可以从认知语言学角度进行分析。「遠いところ」中的「ところ」是一个模糊的概念，不如「スーパー」具象化。对听话者而言，"较远的地方"中包含的比较关系则比较容易想象，脑海中可以迅速捕捉到可供比较的相关地点。从这一点上也可以看出「遠い」在修饰非具体地点的名词时，句中体现的比较关系是相对距离，模糊且笼统的，但对于听话者来说，则是较为容易想象、推测出的距离。像在「ここから遠いスーパー」「学校から遠いスーパー」这样的短语中，给出了明确的起点，但具体的目的地并不明了。若把起点去掉，单说「＊遠いスーパー」，听话者则很难在大脑中建立比较关系，表达的合理性也就降低了。

7.4.4 「遠く」不能单独修饰名词的场合

在7.4.3小节中，我们对「遠く」的两种用法做了总结。一般来说，「遠く」形容远景的情况较多，如「遠くの海」「遠くの山脈」等。「遠く」所指的"遥远"并没有一个具体的参照物，丈量距离的起点不受约束，也就是说，"遥远"指的是对所有人来说都遥远的地方。有了这些限制以后，「遠く」一般不用来修饰具体的地点，例如，「＊遠くの富士山」等。

---

[1] 如果说话者和听话者都处于一个超市众多、距离远近有差别且双方都了解相关信息的状况，不具体说清比较关系，单说「ちょっと遠いスーパーへ買い物に行こう」也是合乎语法的。

> (36) 実際の運動は（遠い ＊トオクノ）山形県で行われていたのだったから。［同例 (13b)］
>
> (37) 「江の島だなんて、そんな（遠い ＊トオクノ）とこへいくのこわいわ、あたし」［筱崎大司，2005（32）］

例（36）和例（37）中不能使用「遠く」：「山形県」与「江の島」都是具体的场所，能体现比较关系的「遠い」才是正确的说法。

> (38) わざわざ遠いところ（＊遠くの）からお越しいただきありがとうございます。

例（38）的意思是"谢谢您特地远道而来"，此处的"遥远"仍然是相对意义上的遥远，因此，「遠く」不适用于此处。总的来说，「遠く」只能用于视角不固定的场合，即用于任何人代入自身视角都能感受到距离感的句子中。例如，在科普文章中时常可以看到「遠く」。

例（39）、例（40）、例（41）这3个句子的受众是所有人，这里的「遠くのもの」指的是针对所有人的"远处的东西（物体）"。

> (39) 遠くのものは小さく、近くのものは大きく見えるのはなぜ？なんでものが遠くにあると小さく見えて、近くにあると大きく見えるのか。それは視界の範囲を使って説明することができる。
>
> (40) 近視は、遠くのものにピントが合いにくいということですが、その特長は水晶体（レンズ）を調節する「毛様体」という筋肉が継続した緊張状態にあることです。
>
> (41) 目の疲れを取る方法で、有名なのは、1時間に10分程度は近くのものを見ることを中止して遠くのものを見ることです。

7.4.5 二者可互换的场合

经过前面的分析可以得出一个结论：在表示模糊概念的空间距离遥远时，既可以用「遠い」，也可以用「遠く」。

筱崎大司（2005）认为在上述几个句子中，「遠い」表示的是「様態」，

也就是路程；同时，他还主张「遠い」单独修饰名词时必须"有选择的余地"（「複数の選択の余地がある」），如「サルの眼力、どんな遠くのバナナも見えちゃうほど抜群！」。也就是说，例（42）的 4 个句子中，修饰名词的山、国家、河流、丘陵等有选择的余地。笔者不认同这种看法，这 4 个句子里，对于说话者和听话者而言，「遠くの山/国/川/丘」指的是远方的某座山、某个国家、某条河流、某个丘陵，这些甚至可以不在说话者和听话者的视线范围内。而若用「遠い」，则强调以说话者所在的地点为起点，再给出「山/国/川/丘」这些较为常见的自然景物或抽象事物。这与之前提到的「遠い家/店」不同，「家/店」较为具体，需要在一定的场景和具体的环境中才能建立起比较关系；而自然景物或抽象事物则不受这种限制。由此可以得出一个结论：在表示模糊概念的空间距离遥远时，「遠い」与「遠く」互换的可能性更大。

> (42) a.（遠い/トオクノ）山の方からその汽笛の音はかすかに反響になって、二重にも三重にも聞こえて来た。
> b. 灰色の空から際限なく舞い落ちてくる雪片を眺めていると、あまりに静かで、現実離れしており、戦争のことなどなにか（遠い/トオクノ）国の出来事のようにも思われた。
> c. このため、掻い出した水はいちいち（トオイ/遠くの）川へ捨てにゆかねばならなかった。
> d. 私は（トオイ/遠くの）丘に見た野火を意識した。[筱崎大司，2005（53）—（56）]

7.5 小 结

第一，「遠い」除了「遠い旅」「遠い旅路」这种表示路程远的说法外，「遠い」基本用来表示时间间隔久远、空间距离遥远、心理距离遥远和血缘关系疏远。相对而言，「遠く」只能表示空间距离的遥远。因此，在表示时间间隔久远、心理距离遥远和血缘关系疏远这 3 种意思时，二者无法互换。在表示空间距离遥远的时候，「遠い」须在比较关系中才能成立，一般视角

第7章 「遠い」的名词修饰用法
——为什么「＊遠いスーパーに行きたい」是错句？

所在地必须有交代，而「遠く」则没有这个限制，多用来表示模糊、笼统的概念。在表示模糊意义时，二者可以互换。如果表示对所有人都遥远的事物时，只能用「遠く」。

第二，从用法上来讲，「遠く」可以单独使用，如「ここから離れて、どこか遠くへ行きたい」是合乎语法的。此处的「遠く」可以与「遠いところ」互换，可以有起点，也可以没有。另外，「遠く」不可以直接修饰具体名词，如「遠くの富士山」是错误表达。

第 8 章
「強い」和「弱い」的认知区别
—— "真强"能否直接对应为「本当に強いね!」?

在日语学习中,形容词的词义理解是一个重难点。众所周知,日语中很多形容词的词干是汉字。一般来说,这一类形容词的基本词义与汉语一致,例如,い形容词的「大きい/小さい」「多い/少ない」由词干"大""小""多""少"与后缀「きい」「さい」「い」「ない」组合而成。日语学习者特别是初学者在接触到这一类形容词的时候,往往能迅速地掌握其词义,并学会应用。但随着语义范围的扩大,形容词的众多语义并不一定都能被学习者所掌握。这里有一个日语词汇学中经常提到的概念——多义词。

国广哲弥(1982)在研究中指出,多义词指的是具有两种或两种以上相关联含义的词语,例如,「大きい」既可以形容物体体积、容积的大小(如「車が大きい」),也可以形容声音的大小或音量的高低(如「声が大きい」),还可以表示程度的高低(如「事件が大きい」)。多义词的出现是随着社会的发展逐渐演变而来的,最开始可能只有一个最基本的词义,然后出现了引申义,这种引申是有一定规律的,每个词义之间具有一定的相似性或者共通性。刘燕(2019)指出,现如今国内的多义词研究主要从传统修辞学或语义学的角度展开分析,词类也多集中于日语动词,对形容词研究得比较少。笔者拟从学习者常出现的误用出发,对比汉语和日语中高频形容词的词义,进而为日语学习者更好地学习、掌握日语形容词提供参考。

8.1 形容词认知失误引发的误用

表 8-1 是学习者在形容词方面的误用。这些句子均来自大二学习者上

第8章 「強い」和「弱い」的認知区別

——"真强"能否直接对应为「本当に強いね！」?

课前2分钟的演讲和平时写的小作文。

表8-1 学习者形容词的误用

形容词	误用举例
冷たい	・＊今日の天気はちょっと冷たいですね。皆さん、そろそろ厚い服を買いませんか。
温かい/暖かい	・？日本の店はサービスがとてもよくて、気持ちが暖かくなります。 ・＊彼氏は性格が暖かいです。困ったことはいつも彼と相談して、そして答えを教えてくれます。だから感謝しています。
寒い	・＊父の言葉を聞いて、気持ちが寒くなりました。確かに自分の好きな専攻に入れませんので、私もとても悲しかったです。でも自分が悲しいときに、どうして自分の子供を励ましませんか、ずっと怒っていますか、と思いました。 ・＊毎晩、運動場で30分ぐらい走ります。そのあとは寒い氷水を飲むと、気持ちがよくなります。でも母には言いたくないです。言ったら母に怒られます。 ・＊駅前のレストランの店員さんは態度が大きくて、ちょっと寒いです。
暑い/熱い	・＊無錫といえば、やはり霊山だと思いつく人が多いでしょう。私は大学に入るまでに、ネットで無錫の有名な観光スポットを調べました。霊山の名前がまず出てきます。でも、実際に行ってみたあとで、確かにネットで一番熱い観光スポットですが、本当はそんなに面白くなかったです。なぜかというと、歴史が短いからだと思います。
大きい	・＊その日は、雨が少し大きかったです。かさを持っていないので、ルームメイトに私を迎えに来てくださいとお願いしました。しかし、ルームメイトは返信しませんでした。そして、私は自分で帰るしかないから、大きい雨の中で走っていました。その後はちょっと頭が痛かったです。 ・？先日、私は宝くじを買ってみました。もともと私は、宝くじに興味を持っていませんでした。しかし、その前の夜に、宝くじを買って、当たったという夢を見ました。友達と話して、本当に買ったら、当たる可能性が大きいかもしれないと言いました。

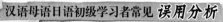

续表

形容词	误用举例
小さい	• ?「留守児童」の話をすると、ほかの人はみんな、「寂しいでしょう?」「大変でしょう?」と思います。でも、私は全然そう思いませんでした。私も留守児童でした。でも、おばあちゃんとおじいちゃんは両親よりもっとやさしいから、寂しくなかったです。もちろん、宿題は全部自分でやりました。その時は小さかったですので、知りませんでした。今の子どもはネットで調べたり、両親に聞いたり、私は自分でやりました。 • *6月に故郷は大変でした。嵐が来て、山崩れが起こったので、みんなで避難しました。天気予報によると、ちょっと小さい嵐が来るそうですが、実際にその日の夜は、とても強い風が吹いていました。政府は洪水があるかもしれないと言いました。そして、私と家族が近くの村に引っ越しました。
深い	• ?病気になったとき、担任の先生は病院へ連れて行ってくださいました。その日は週末ですから、先生は自分の車でわざわざ学校に迎えに行って、その後一緒に病院へ行きました。ですから、高校を卒業してもう5年目になりました。でも先生に対して、まだ深い感情を持っています。いつまでも感謝しています。
浅い	• *食堂の食事がおいしくないとみんな言っていますが、私は食堂のワンタンがとてもおいしいと思います。特にニラと卵があんこのワンタンです。ルームメイトは味がちょっと浅いから、あんまり好きじゃないです。でも、私は一人で二人分を食べることができます。
重い	• *弟の担任の先生は、弟は学校であんまり頑張っていないと言いました。そして、両親は学校へ行って、担任の先生のオフィスに行きました。家に帰ったあと、父はとても怒っていました。弟に「あなたは何もできない。大学に行けないよ」と話しました。その言葉が弟にとって重いと思います。私は弟のそばにいて、自分も泣きたくなりました。 • *食堂の料理は味が甘いものが多いです。私は四川省の人だから、しょっぱいものと辛い料理がすきです。肉の料理が甘いのは本当に信じられません。最初に食べるときは、これは肉ですか、と思いました。私にとって、味が重すぎです。

第8章 「強い」和「弱い」的認知区別
—— "真强"能否直接对应为「本当に強いね!」?

续表

形容词	误用举例
軽い	• ＊ダイエットするために、毎日晩ご飯は食べません。昼ご飯はいっぱい食べます。そして、<u>1か月の後、軽くなりました</u>。体重が3キロぐらい少なりなりました。 • ?ぼくは、毎日学校の後ろの運動場でバスケットボールをします。そこでバスケットボールをしているのは、3年生と4年生が多いですけど、<u>いつも軽い雰囲気でバスケットボールをしていました</u>。私は彼らを恐れませんので、いつも全力で戦います。
固い/硬い	• ?<u>父の性格はとても硬くて</u>、よく怒ります。私も父の遺伝で負けず嫌いです。しかし、私と父はあんまり合わないと母はいつも言っていますが、一度もけんかしたことがないです。仲がとてもいいです。友だちのように話したり、恋愛の話も父と相談します。 • ?私が参加したサークルでは、サークル長はやさしい人ですが、<u>ちょっと言い方が硬いから</u>、部員たちはみんな不満を持っています。そして、先週、みんなで食事をしているとき、私は勇気を持って、サークル長に私たちの不満を告げました。たぶん怒られるかもしれないと思いましたが、サークル長は私の意見を聞いて、みんなに謝りました。「すみません。私も知っていますが、焦るときは、いつも変になってしまいます」と言いました。

以上列举了诸多形容词的相关误用，此处不再一一具体论述错在何处，但出错原因可以总结为一点：学习者大脑中建构的语义范围与其实际用法不匹配。用认知语言学的"原型范畴"来解释语义太过复杂，笔者在此不考究这些词汇的语义变化过程，只观察其主要用法和学习者的习得情况，在汉日语义比较的基础上分析学习者出现误用的原因。本章主要着眼于「強い」和「弱い」这两个形容词的用法，主要有以下3个原因：一是这两个形容词使用频率极高，在日语习得的最初阶段就已经涉及。二是这两个形容词与汉语"强的/弱的"在语义对应上既有重合的部分，也有不重合的部分，还有如「能力が強い」这种虽然语法正确但使用频率不高的用法（日语更习惯表达为「能力が高い」），这些对学习者而言较难掌握。三是汉日形容词的认知对比研究已经进行了多年，但主要集中在对颜色类形容词的研究上。另外，「深い/浅い」和汉语"深的/浅的"、「重い/軽い」和汉语"重的/轻的"的相关研究也不在少数，但「強い/弱い」和"强的/弱的"的对比不够翔实，与其相关的句型、惯用搭配更是很少受到关注。综

合以上几个因素的分析，本章主要关注日语「強い/弱い」的语义以及它们与汉语"强的/弱的"的语义对应关系。从学习者的误用出发，通过分析学习者的误用倾向和思维模式，判断日语「強い/弱い」和汉语"强的/弱的"对应关系。

8.2 关于「強い」的探讨

8.2.1 「強い」的相关误用

下面是学习者关于「強い」的表达。他们都是大二学习者，刚学习了一年的日语，基础语法已经学习完毕，可以用简单的句子表达自己的所见所闻[1]。

---

① 私はワンダーウーマンという映画が好きです。主人公は<u>頭がよくて、力も強くて、</u>とても独立しています。私も彼女の技がほしいです。

② 無錫の6月と7月が嫌いです。なぜかというと、6月から梅雨に入るからです。私の故郷でも梅雨がありますが、大体毎日ちょっと降って、そのあとは晴れて、いい天気になります。しかし、無錫は一日ずっと雨が降ります。ときどき、<u>雨と風がすごく強くて</u>、眠れないほどです。

③ ついこの前、私は太湖杯のスピーチコンテストに参加しました。もともとはあんまり興味がありませんでしたが、○○先生に朱さん、参加してみてはどうですか、と勧められたので、申し込みました。最初のときは、<u>勝ちたいという気持ちが強かったです</u>。でも、だんだん自信がなくなって、あきらめたくなりました。

④ 最近、一番悩んでいることは、私の日本語の発音です。なぜかというと、中国人は日本語を発音するときに、<u>「す」とか、「つ」とかを強めて発音する傾向が強いです</u>。1年生のときに、○○先生は言いました。「日本人は話すときに、あまり口を開かないですよ。みなさんは知っていますか？」それを聞いて、私は○○先生と話すときに、いつも彼の口をずっと見ていました。でも、○○先生は話すときに、口はそんなに小さくないです。どうしてですか。私は困っています。

---

[1] 这些句子中还存在其他用词不当或语法错误的问题，但此处我们只关注「強い」的用法是否恰当、准确。

第8章 「強い」和「弱い」的認知区别
——"真强"能否直接对应为「本当に強いね！」？

⑤？私の弟は体育が専攻です。身長は185センチで、体重が80キロです。昔から巨人と言われています。今は、毎日学校でトレーニングしています。<u>弟は病気になったことがなくて、体がとても強いです。</u>今年の夏休みは弟と腕相撲をしてみました。5秒ぐらいで負けちゃいました。

⑥＊中学のときの担任の先生は私の一番尊敬する人です。女性なのに、一人で子どもを育てるし、仕事もとても頑張っているし、そして普段学習者に対してもやさしくて、学習者に人気があります。高校入学試験の前に、学習者たちはみんなとても緊張していました。先生は毎日朝6時ぐらいに学校に来て、学校の前で学習者を迎えました。みんなに頑張ってくださいと言います。そのとき、私は、<u>先生は本当に強い人だなと思いました。</u>

⑦＊最近の悲しいことは、おばあさんの記憶力が悪くなったことです。おばあさんは1年前に認知症になりました。そのあと、病気がだんだん悪化して、だんだん周りの人の名前を忘れてしまいました。この前、おばあさんの家に行ったとき、私に対して、あなたはだれですか、と言いました。昔、<u>おばあさんの記憶力が強かったです。</u>

⑧？夏休みはお父さんと雲南省とチベットで旅行しました。景色がとてもきれいだし、食べ物もおいしいし、旅行はとてもとても楽しかったです。でも、チベットに行ったとき、私は高山病になりませんが、お父さんは高山病になってしまいました。ずっとホテルで寝ていました。お父さんの姿を見て、私はいろいろ思いました。昔は、<u>お父さんはとても強い人で</u>、私にとって、何でもできる人です。でも、今のお父さんは55歳で、時々、年寄りのように見えます。

例①—例④画线部分中的「強い」的用法是正确的。例①中的「強い」指的是力量强劲，例②中的「強い」指的是风、雨强度大，例③中「強い」指的是情感强烈，例④中的「強い」指的是倾向性强。在例⑤中，「体がとても強い」这个说法没有错，但如果再看前面一句「病気になったことがなくて」，就知道说话者想要表达的是"弟弟从未生过病，身体非常结实"，将「強い」替换为「丈夫」，句子变得更为通顺。例⑥主要讲述老师对学习者孜孜不倦的付出。在日语中，「強い人」有多种含义，可以用来形容内心强大、力气大、个性强、性格强势等。说话者在此处究竟想用「強い」来突出老师哪一方面强大，我们不得而知，但按照常识，一般是夸赞老师的行动力。在这种情况下，日语更习惯用「メンタルが強い」「行動力が高い」「性格が強い」「心が強い」等说法，即明确指出"强"的方面。例⑦

显然是误用，汉语中习惯说"记忆力强"，日语中更习惯用「記憶力がいい」或「高い」来形容记忆力强。而例⑧中「強い人」到底指的是"身体强壮"还是"精神强大"，或者是"能力强"，都未能得到体现。

这样一来，我们发现，日语的「強い」和汉语的"强的"既有共通的语义，也有各自不同的修饰领域。在以上8个例子中，例①、例③、例④中的表达是汉日共通的表达方式，分别指力量强劲、情感强烈和倾向性强。例②画线部分则是日语初学者非常容易犯下的一个错误，即习惯性地把风大和雨大说成「風/雨が大きい」，这也是教师在教学过程中时必须注意的一点：在日语中，形容风、雨等强度大时，需要用「強い」；反之，则要用「弱い」。另外，也存在「大風」「大雨」这样的表述。例⑤里的「体が強い」（身体强健的）是日语和汉语里都有的说法，只是此处用「丈夫」更为恰当。例⑥和例⑦画线部分学习者受汉语思维的影响，将汉语中的表达直接用在了日语里，而例⑧则需要明确「強い」的领域，这样句子读起来才自然。

8.2.2 "强"所体现的属性

在汉语里，尤其在口语中，随处可以听到"你好强啊""这也太强了吧"等夸赞性话语，这类夸赞性话语可以用于许多场合。以下几个对话实例中，现代汉语中"强的"词义比日语「強い」广泛得多[1]。（括号内的日语句子为笔者所译）

(1) A：你考得怎么样？
　　（テストどうだった？）
　B：还可以吧，90多。
　　（まあ、90ちょっとだった。）
　A：你也太强了吧！那么难的题目都能考90多分！
　　（?君、強すぎるだろう。あんな難しい問題が90点以上取れるなんて…）

---

[1] 此处的实例均为笔者在日常生活中收集的友人或学习者的对话。

第8章 「強い」和「弱い」的認知区别

——"真强"能否直接对应为「本当に強いね！」?

(2) A：我们部门领导老说我没小李做得好，我看他什么都不懂！

（うちの上司はさ、いつも李さんほどできないって言ってるのよ。私からみれば、彼こそ何1つわかってないと思うけどな。）

B：你不服就跟他说啊。

（気に食わないならはっきり言ったほうがいいんじゃないの?）

A：那可是领导呀，这话怎么说得出口？

（君、上司だぜ。言えるもんか！）

B：有什么不敢说的，本来就要实话实说。

（恐れることないさ。正直に思いをぶつけるべきだと思うよ。）

A：<u>你真强！</u>你都这么和领导说话的吗？

（?君、強いな。いつもこんなふうに上司にはっきり物事言うの?）

B：我们领导好说话，反正我都是有话直说的。

（まあ、うちの上司は話しやすい人だから、私はいつもはっきり言ってるけど。）

(3) A：不回家过年？你一个人不孤单吗？

（お正月は故郷に帰らないの? 一人になっちゃって寂しくないの?）

B：回家也过不了几天舒心日子嘛，春运那么堵，时间都浪费在车上了。

（帰ったってろくに過ごせる日が少ないじゃん。だって、帰省ラッシュあんなに込むから、時間が移動にかかるなんて無駄じゃん。）

A：<u>太强了</u>，要是我天天一个人，肯定想办法回家了。

（?強いな。毎日一人で過ごすなら、どうにかして故郷に帰るんだね。）

(4) A：你800米体测跑得怎么样？
（800メートルの体力テスト、どうだった?）

B：3分半多一点，你呢？
（3分半ちょっとだったわ。君こそどうよ。）

A：<u>太强了吧</u>，我那么拼命地跑，还差点没过。
（?強すぎるだろう。おれ必死に走ってても不合格寸前だよ。）

B：平时不锻炼就会这样嘛，都说了让你每天跟我一起跑。
（普段練習しないとね、こうなるんだよ。だから毎日俺と一緒に走れって。）

(5) A：怎么感觉你宿舍小王天天都泡在图书馆里啊？昨天晚上12点在走廊上碰到她，说刚从图书馆学完回来。
（ルームメートの王さんって、毎日図書館に引きこもってる感じだよね？昨日も夜12時に廊下で会ってさ、図書館で勉強して今帰ってきたって。）

B：是啊，她在准备考研，基本上每天就睡三四个小时。
（そうだよ。今大学院の入学試験の準備をしてて、一日3、4時間しか寝てないの。）

A：<u>强</u>！我每天能学一个小时都不错了。
（?強い！私なんて一日一時間もろくに勉強してないけどな。）

B：她毅力是真的强，这么冷的天，早上5点多就起来了。
（本当に根気あるよな。こんなに寒い日なのに、朝5時ちょっとに起きてるんだよ。）

在上述5个例子中，用「強い」能表示说话者对上文中提到的人物或事情的感叹，或夸赞，或惊讶，或佩服，但如果日语母语者处在同样的语境中，他们大概率会选择其他的表达。笔者就这5段对话咨询了3名日语

母语者，"?"表示其对此说法存疑[1]。例如，在例（1）中，说话者A对说话者B在很难的考试中拿到高分流露出了钦佩的语气。在这种赞扬他人的语境中，口语里「すごい」出现的频率比较高[2]。「強い」虽然也能达到这个效果，但只用「強い」可能会带来歧义。例如，听话人也可以将此处的「強い」理解为「テストに強い」，即"善于考试"，这样一来「強い」便不是对说话者B的实力进行褒奖，而是赞扬其应对考试的能力了，这就偏离了说话者A的本意。例（2）中说话者A不敢对上司说出自己内心真实的想法，因此，对说话者B直言不讳的做法感到惊讶，类似于"这种话都敢说出口，你可真敢说啊"（「こんなのことも平気に言えるなんて、君、よく言えるな」）。说话者A更多出于惊讶，而并非是对对方行为的认可。也就是说，此处的「強い」并没有夸赞、钦佩的语气，因此明显不适用于此处。「やるね」「大したもんだね」「大した度胸だな」「君、すごいな」「よく言うな」等表达更能反映说话者A的态度。例（3）里，在大家都选择与亲朋好友一起过节时，说话者B却选择独自待着。对于这件事情，仅凭现有的对话，我们无从判断说话者A是否带有认可或钦佩的意思。「強い」可以理解为说话者A在夸赞其「メンタルが強い」，也可以被视为「個性が強い」。例（4）里的「強い」没什么问题。根据上下文，我们很容易推测出说话者A想说的是说话者B「体力が強すぎる」，但除了表示体力之外，此处还可以理解为「スポーツが強い」或「陸上競技が強い」等其他意思，因此仍然容易引起混淆。例（5）里，说话者A想夸赞的是小王夜以继日学习，这里的「強い」可以被理解为「メンタルが強い」，也可以被理解为「心が強い」。但笔者认为，换成「すごいね」「頑張り屋だね」等说法更符合日语的口语习惯。

关于汉语中"强"的例子还有很多，限于篇幅的关系，此处不再一一列举。通过以上例子，我们可以看出汉语中可使用"强"的范围比日语「強い」的范围要广。这就导致了日语学习者在初级阶段将汉语中所有使用"强的"的场合用了日语「強い」。在这些场合中，使用「強い」并不算错，听话者可以根据上下文猜测说话者想表达的意思，但是日语母语者更倾向

---

[1] 原话为「言えなくはないが、私は使わない」（倒也不是不能这么说，但我应该不会选择这个表达）。
[2] 也可以使用其他的词汇来表达自己的感叹，如「すばらしい」「素敵」等。

于使用其他单词来表达相同的意思。因此，我们仍需要注意这些词义上的细微差距，精准地辨别"强的"与「強い」相同和不同之处。

⊃ 8.2.3 「強い」的几个"特殊"用法

《明镜国语词典》中关于「強い」的定义如下所示。

---

① 物理的な力が大きい。
  • 押す力が強い。
  • 今日の風が強い。
② 勝負などで、相手をしのぐ力を持っている。
  • 兄は弟よりけんかが強い。
③ 体が丈夫で、機能的に優れている。
  • 胃腸（足腰）が強い。
④ （～に強い）外からの作用に対して、しっかりと耐える力がある。
  • この建物は地震に強い。
⑤ （～に強い）その方面やそのような状況について、優れた力を持っている。
  • 語学／機械／変化球に強い。
⑥ 相互の結びつきがしっかりしている。強固だ。
  • 両国の結びつきは強い。
⑦ 自己を制御する力や物事に耐える力が大きい。
  • 意志が強い／我慢強い。
⑧ 精神のありかたにきわだった特徴がある。
  • 責任感／関心が強い。
⑨ 物事の与える刺激や作用が大きい。
  • この薬品は毒性が強い。
⑩ 人が他に与える精神的な作用が大きい。
  • 発言権が強い。
  • （数量的な）度合いや対比の差が大きい。きつい。
  • 傾斜の度合いが強い。

可以发现，「強い」的基本语义是「物理的な力が大きい」，也就是物理学所讲的作用力强大，其他的语义均由第一个语义引申而来。这10个意义中可以与汉语"强的"互换的用法只有①⑥⑦⑧⑨这5个，且不能囊括这几个意思中的所有表达。「強い」的其他意思需要用其他汉字表示，如"厉害的""好的"等。

日本语言学家青谷法子对日本164名高中生进行了调查，对「強い／弱い＋態度／願望／興味／意志／影響」这10对词组搭配的可能性做了判断。结

果显示，除了「強い/弱い＋影響」之外，高中生们普遍认为其他8对词组的搭配均可成立。

综合上述分析，我们发现汉语中的"强的"与日语中的「強い」都有无法与对方互换的场合，而这是学习者容易犯错的地方。因此，从日语学习者的学习需求和错误倾向出发，以下具体讨论学习者在日常生活中使用频率较高且容易误用的两个场合。

8.2.3.1 形容自然现象的强度

前文中已经提到，不同于汉语，日语中形容雨、风的强度时不能用「大きい」，只能用「強い」，即用「強い雨」「風が強い」表达。除此之外，「強い＋地震/台風/津波/雷/嵐」也是常见的搭配。在形容地震带来的剧烈摇晃时既可以用「大きい」，也可以用「強い」，如例（6）[1]。但需要注意的是，形容「稲妻（闪电）」时仍然要用「大きい」「小さい」来修饰。

> (6) a. 徒歩で幼稚園保育園の送り迎えをしているママさんに聞きたいのですが、雨が強い日のお迎えの時はレインコートと長靴で行きますか？傘のみですか？
> b. 気象庁では、皆様に風の強さの程度を容易にご理解いただくために、風の強さを「やや強い風」「強い風」「非常に強い風」「猛烈な風」の4段階に分類してお伝えしています。
> c. トルコ・イスタンブール（CNN）エーゲ海で30日午後、強い地震が発生し、トルコとギリシャで少なくとも22人が死亡した。
> d. 台風やハリケーンの中心気圧が低いほど強いというのは同じです。よく台風のときは、950ヘクトパスカルとか言いますよね。この数字が少ないほど猛烈な風になりますので、930ヘクトパスカルくらいになると、かなり強い台風になります。

---

[1]「強い揺れ」和「大きい揺れ」都可以用来形容地震带来的剧烈摇晃，但「大きい揺れ」还暗含着摇晃波及范围之广的意思。

> e. 初冬季（11月、12月、1月）ほど海面蒸発量が大きく、雲内の擾乱が大きく強い雷が生じやすい。
>
> （7）a. 地震はいつどこで発生するか分かりませんが、気象庁の「緊急地震速報」を活用することによって、強い揺れが来ることを直前にキャッチし、身の安全を守る行動をとることができます。
>
> b. 地震の最初に来る小さい揺れの名前は初期微動、しばらくたってからくる大きい揺れのことを主要動といいます。小さな揺れが起こす波のことをP波、大きな揺れが起こす波のことをS波といいます。
>
> （8）ときどき大きい稲妻が飛んで、大地も揺れるような雷が鳴りはためく。

例（7）用了「大きい」来修饰闪电，笔者在雅虎日本上没有搜索到「強い稲妻」这一说法，可见日语中一般不太习惯用「強い」来形容闪电的迅疾。而在汉语中，我们既可以说很强的闪电，也可以说很大的闪电[1]。

8.2.3.2 形容在某个领域、方面擅长

在8.2.2小节的例（3）中，我们提到，说话者B夸赞说话者A时所用的「強い」可以理解为「体力が強い」，还可以理解为「ランニングに強い」（「陸上競技に強い」），也就是擅长跑步、擅长田径。日语初学者在学习日语时最先接触到的词组「お酒に強い」就是这个意思，笔者曾数次听到学习者将"酒量好"错误地表达为「お酒が強い」。从语法角度来说，后者是正确的表达，但「お酒が強い」的意思是"酒（酒精）度数高"。之所以会出现这样的错误，一是因为学习者没有理解此处表示"比较、比例、评价的基准（「比較の基準や適用の範囲を表す」）"的助词「に」（如「体にいい」「通勤に便利だ」），二是因为学习者没有搞懂「強い」的形容范围。「強い」不仅可以形容酒的烈度，还可以形容对某事物有抵抗力或在某个领域、方面擅长。

---

[1] 笔者询问了几位汉语母语者，大家意见不一。综合来说，"强的""大的""快的"都可以作为形容闪电的形容词。本书无法给出定论，但不管怎么样，足以看出汉语中形容闪电时可用的形容词要比日语丰富。

第8章 「強い」和「弱い」的认知区别
——"真强"能否直接对应为「本当に強いね！」?

(9) a. 「台風に強い家」を作るために、「飛散物を出さない」「飛散物から守る」という2点は重要ですが、そもそも強い風を受けにくい立地に作ることが必要なのではないでしょうか。

b. 地震に強い家にするのであれば耐震等級3は必須条件であると思います。ただし、たとえ耐震等級3であっても他の条件が悪ければ決して地震に強い家とは言えません。

c. 当社では、この『撥水性』に特に注目して、漆喰・珪藻土壁に代わる『汚れに強い塗り壁材』をメーカーと協賛して開発しました。漆喰や珪藻土壁は、健康な生活を送るために役立つ自然素材として人気を集めています。

d. 2020年度の大学入試は、景気に対する不安感や情報系分野の人気の高まりなどから、就職に強い理系学部の志願者が増え、文系学部の志願者が減少した。女子大もこの波に飲み込まれて志願者が減少し、志願者は、前年を1万2,000人程度下回った。

e. 「『頭がいい人』と『試験に強い人』は、明確に違います。みなさんの周りにも、学校の成績は抜群だったのに、なぜか試験で落ちてしまう…という人がひとりはいたのではないでしょうか。その原因の多くは、合格要件をきちんと押さえず、満点を取るための勉強を漫然と続けているからです」そう語るのは、精神科医で受験アドバイザーの和田秀樹さんだ。

例（9）中几个句子的画线部分均为使用频率较高、需要掌握的表达。例如，在a句中，「台風に強い家」指的是抗台风能力强的房子。想要表达相同的意思，日语初学者很有可能会说成「台風を防ぐことができる家」等。在b句中，「地震に強い家」表达的是"抗震的房子"或"抗震性能好的房子"。c句的「汚れに強い塗り壁材」则表示的是"抗污性（耐污性）强的壁材"。笔者在所执教的大学针对大二（上学期）的日语学习者做了一个问卷调查，让20名学习者翻译"临海区域有很多抗台风能力强的房子"

这个汉语句子。调查结果显示：能写出「台風に強い建物」这个句子的仅有2人，其他学习者使用了直译的方法，如「台風が来ても倒れない建物」「台風が怖くない建物」「台風を恐れない建物」「とても丈夫な建物」「強い建物」「＊台風に壊れない建物」等。这些表达并不错，但都比不上「台風に強い」精炼。我们可以将"抗……能力强（扛……性能好）"翻译为「〜に強い」，如"抗风能力强"可以表达为「風に強い」，"抗雨能力强"可以表达为「雨に強い」[1]。

d句「就職に強い理系学部」直译为"就业竞争力很强的理科专业"。在汉语里，我们习惯采用"就业前景好""好（容易）就业"这类表达，它和a、b、c句有所不同，它没有与前项对抗的意思，而是表示"在某领域非常擅长""擅长做某事"。e句的「試験に強い人」指的是"善于考试的人""会考试的人"。如果让日语初学者来表达这两个意思，他们很容易说成「就職ができる学部」或「試験ができる人」。笔者在针对日语专业大二年级学习者的调查中，要求学习者翻译"我们学校食品专业很好就业，80%的学习者都能进大公司工作""小王考试很厉害，没怎么学都能拿高分"这两个句子。关于"很好就业"这个短语，没有学习者使用「就職に強い」，而是使用了「就職が強い」「就職の結果がとてもいい」「就職能力が強い」等表达。对于"考试很厉害"这个表达，也没有人给出「試験に強い」这个说法，出现得较多的是「試験がうまい」「試験を受けるのが上手だ」「試験が得意だ」「試験ができる」这类说法。可见学习者不擅长使用「〜に強い」这个短语。

8.2.4 「強い」相关的复合词

对于日语初学者来说，「強い」的复合形容词也是难点之一。漆谷宏树（2014）列举了多个「強い」的复合形容词[2]，如下所示。

---

[1] 在汉语里，我们习惯使用更为精简的表达，如"抗风""抗雨""抗震""抗污"等。
[2] 漆谷宏树（2014）指出，词尾的"♯"标记指的是该词在明治时代之前曾经使用过，但已经不存在于现代日语中。

第8章 「強い」和「弱い」的认知区别

—— "真强"能否直接对应为「本当に強いね！」？

> 名詞＋形容詞：印象強い　自惚れ強い　押し強い　我慢強い　気強い
> <u>心強い</u>　克己強い　根気強い　<u>根強い</u>　執念強い
> 勝負強い　<u>辛抱強い</u>　底強い　耐忍強い　<u>力強い</u>
> 忍耐強い　根強い　粘り強い　意地強い♯命強い
> 面強い♯我強い♯義強い♯行儀強い♯行強い
> 吟味強い♯くじ強い♯鞍強い♯立て引き強い♯
> 手強い♯涙強い馬鹿押し強い♯
> 贔屓強い♯虫強い♯料簡強い♯
> 修飾関係：しんなり強い

上面列出的单词中，有一部分复合形容词已经不再出现在现代日语中。另外，考虑使用场合、使用频率和书面语程度，笔者认为没有必要掌握所有的词汇。但「我慢強い」「心強い」「力強い」「辛抱強い」这类是比较常见的表达，作为日语专业的学生，是必须要记忆的。然而，从目前来看，学习者对这类词汇的掌握不太好。现有教科书导入较晚是其中的一个主要原因，「我慢強い」「心強い」出现在了《新编日语（重排本）》第3册（学习者在大二上学期接触到这两个复合形容词），其他几个复合形容词更晚。在讲解上，教科书中并未对这些复合形容词做出说明，只是单纯将其列在单词表中。这就需要教师提醒学习者其构造的特殊性，也需要学习者自己反复揣摩、课后反复利用，否则很难真正掌握。下面以「我慢強い」「心強い」「力強い」这三个复合形容词为例，来说明学习的必要性和难度。

「我慢」和「強い」都是在初级阶段导入的单词，表示"有耐心（耐力）、能忍"的意思，「我慢強い」却被推后了很久。笔者认为，学习者在学习「我慢」这个单词的时候，有必要同时导入「我慢強い」这个单词。在笔者开展的问卷调查里，学习者均表示不知道该怎么翻译"能忍的人"，只能凭借现有知识和语法体系拼凑出类似"我慢ができる人""とても我慢する人""我慢が上手な人"这样的表达。「心強い」意思是"心里有底""有把握"。同样，「心」和「強い」都是初级词汇，组合到一起后语义发生了变化。从语义层面来说，这个词的使用场合确实有限，使用频率不高，对于在日本生活或与日本友人有较多交往的学习者来说，还是很有必要掌握这个词汇的。同理「力強い」中的「力」和「強い」都是早在初级阶段就已经学过的词汇，但由于其语义发生了一些改变，可以表示"力气大""力量强大"，如「力強く引いてください」。另外，还可以有像「力強い声

援」「彼の力強いことばを聞いて安心した」「力強い」这一类的表达，更强调「しっかりとして、頼りになること」「安心できる、大丈夫なこと」，即"给人安全感""让人觉得可靠"。除了以上几个用得较多、学习起来较简单的单词之外，「辛抱強い」「打たれ強い」「粘り強い」这几个形容人物性格、品性的单词则显得较为"进阶"。日语学习者对「辛抱」「打たれ」「粘り」这3个单词不太熟悉，它们与「強い」的组合词也就更难掌握。《新编日语（重排本）》初级教材里没有导入这几个单词，可能是出于难度高、使用场合少的缘故。从拓展词汇的必要性和应试角度而言，进入中级阶段后，这几个单词需要了解。

8.2.5 「強い」的惯用搭配

另外还需要引起关注的是「強い」的几个惯用短语，如「気が強い」（性格要强）、「我が強い」（自我意识强）、「腰が強い」（有毅力）、「押しが強い」（自我主张强烈）、「風当たりが強い」（受到强烈的反对、非难）等。其中形容"性格强势"的「気が強い」是在《新编日语（重排本）》第3册中导入的，其余几个短语均未在教材中出现。同样，这几个短语的使用场合有限。「強い」的用法虽然算不上特殊，但对于日语学习者说，与它搭配的词语比较特殊，需要引起注意。

总的来说，「強い」涵盖的语义很广，有些用法对于以汉语为母语的学习者，特别是初学者来说，确实需要多一些揣摩和体会。以下选取几个学习和生活中应用较为频繁，但相对来说又不那么容易掌握的意思来进行说明。

8.3 关于「弱い」的探讨

8.3.1 「弱い」的相关误用

相比较「強い」来说，「弱い」的产出要少一点，下面例③、例④、例⑤中的「弱い」是否恰当还需要进一步的讨论。

第8章 「強い」和「弱い」的认知区别
—— "真强"能否直接对应为「本当に強いね！」?

弱い	① 監督さんはもともと小さいときから病気がちで、<u>体が弱い人</u>です。ですから、スポーツができる人を見ると、いつもうらやましいと思っています。それで、彼はスポーツの映画を撮りたいと思いました。 ② 大学に入ってから、自分はちょっと成長して、強くなったと感じました。高校のときは、両親と一緒に住んでいましたので、どんなことでも両親がやってくれます。<u>そのときの自分は性格は弱かったです</u>。大学に入ることを通して、私は、弱い自分が強い自分になることができました。 ③ ?「こんなこともできないのは、<u>先輩が弱いな</u>！」と後輩に言われました。とても恥ずかしいです。なので、毎晩運動場で30分ぐらい練習しています。そして、運動会の日は800メートルの試合は4分30秒でした。やっぱり後輩に負けましたが、後悔しません。 ④ ＊×× 先生の授業で、みんなの前でスピーチするのは初めてです。ですので、最初はとても緊張して、<u>声も弱かったです</u>。その日はちょうど自分の得意なことについてのテーマですから、将棋のことを話しました。将棋はとても自信を持っているので、そんなに怖くなかったです。スピーチが終わったときに、××先生は私を褒めました。それは私にとって、ちょっと嬉しいことかもしれません。 ⑤ ＊高校のときはずっと文学が好きで、将来は文学専攻を勉強したいと思いました。1年生のときに、成績がいい人はほかの専攻に変えることができます。私はそのチャンスを失いました。でも、ちょっと不公平だと思います。私ともう一人の男の子が一緒に申し込みました。でも、どうして<u>成績は私より弱い彼</u>は、専攻を変えたの？どうして先生は彼のことが好きなの？いくら考えてもわかりません。

在以上5个句子中，前两个句子中「弱い」的使用是恰当的。例①中的「体が弱い」指的是"身体柔弱"，例②中的「性格が弱い」指的是"性格软弱"。在例③中，说话者想表达的是因跑步速度慢或没跑下来，而被后辈嘲笑"前辈，你也太弱了吧！"。汉语"太强了！""太弱了！"之类的表达在中国年轻人中使用得较为频繁，使用场合也非常广泛。如果这段对话是用汉语来进行的，后辈用汉语说"前辈，你也太弱了吧！"，此处的"弱"可以形容说话者的体力（「体力が弱い」），也可以形容说话者的运动能力（「運動能力が低い」），还可以形容说话者的意志力（「意志が弱い」）。汉语中的"弱"使用频率高，可形容的范围广，说话者和听话者之间不需要明

确说出"弱"在哪里、在哪个方面或哪个领域，就能体会到对方的意思，因此"弱"用起来比「弱い」要顺手许多。在例④中，说话者想通过「*声が弱い」来表达"声音弱小""不敢出声"，但这个说法在日语中一般用「声が小さい」「声が細い」或「声が薄い」来表达。很明显，说话者把汉语的表达方式直接用在了日语上。例⑤中的「*成績は私より弱い」原本是想表达"成绩比我差"，而在日语里，「弱い」不能直接形容成绩的好坏，此处应改为「成績は私より悪い」「成績は私より劣っている」「成績は私ほどできない」等[1]。如前文对「強い」的分析，汉语的"强"既可以用来形容厉害、出色的人或事物，还可以像例（7）那样用说反话的方式来讽刺对方。汉语"弱"可用来形容的场合比日语的「弱い」要多。在用语习惯上，一般不需要特意指出"强"或"弱"的领域在哪里。

8.3.2 "弱"所体现的属性

以下通过举例来说明汉语中"弱"出现的方式与场合。

(10) A：这是我今年第三次感冒，一到冬天身体简直<u>弱爆了</u>，动不动就感冒。
（今回が今年3回目の風邪だよ。<u>冬になると、すぐ風邪引いちゃったりして、体が弱すぎ</u>なんだよな。）

B：南方没有暖气，不能跟你们北方比，因此你在宿舍也要穿厚一点啊。
（南のほうは暖房がついてないから、北のほうと一緒にしちゃだめだよ。だから寮にいるときも厚着したほうがいいんじゃないの？）

A：在房间里也要穿羽绒服，行动太不方便了。
（室内なのにダウンジャケットを着なきゃいけないなんて、動くのに不便すぎるんだよな。）

---

[1] 前面已经提到，「～に強い/弱い」可以用来表示在某方面擅长/不擅长，例如，「英語に弱い」表示不擅长英语。

(11) A：你看××演的新电影了吗？
   （××の新しい映画、見た？）
   B：昨天刚看，我真是后悔去看了，太无趣了。简直对不起买电影票花的钱。
   （昨日見たんだけど、つまらなすぎて、もう後悔したよ！チケットのお金がもったいないわ。）
   A：哎？我看网上评价挺好的，还准备去看呢。
   （えっ？ネットの口コミがかなりよかったから、見に行こうかなって思ってるんだけど。）
   B：都是什么呀，××一会儿被打，一会儿又被甩，上个班也天天迟到早退，跟他之前电视剧里的形象相差真是太大了，弱爆了。
   （もうわけわかんないよ。××がさ、ぶん殴られたり女に振られたりしてさ、仕事もろくにしてなくて、遅れてきたり早く出たりとか、前のドラマで演じたキャラとギャップがありすぎてて、弱すぎなんだよ。）
   A：那演员也不能老演一种角色嘛。
   （まあ、役者ってずっと同じキャラを演じるわけにはいかないじゃん。）
   B：我不管，我就喜欢看他耍酷的样子。
   （そんなの知らないよ。とにかくかっこつける姿が見たいの。）

(12) A：真是没话说了，我们社团的苦活全是我们几个女生在干，男生都坐在一边玩手机。
   （もうことばが出ないね。うちのサークルがね、力仕事は全部私たち女子がやってて、男子はとなりでケイタイいじってるばかりなの。）
   B：别提了，上次我和男朋友一起去鬼屋的时候，他比我还胆小，玩到一半非要放弃，说吓死了，好搞笑啊。
   （ほんとだよ。この前だって彼氏とお化け屋敷に行ったとき、私よりビビッてたの。途中で怖いからあきらめるとか言い出してて、ほんとに笑っちゃう。）

A：现在的男生啊，真是太弱了。
（?いまどきの男子ってさ、弱すぎだよ。）

B：他还不承认自己弱，回来以后还跟宿舍里的人说鬼屋好玩，我心想："你压根就没怎么玩吧。"
（しかもね、弱いのにそれを素直に認めないの。（お化け屋敷から）帰ってきて寮の人に面白かったとか言っちゃってさ、お前全然楽しんでないじゃんって思って。）

A：面子比较重要嘛！
（見栄えが大事だよな。）

(13) A：要说到烦恼，那谁没有呢。我之前挺胖的，吃得也多，想减肥也没毅力，大一的时候成绩还不好，真的觉得自己很弱。
（悩みって言ったらだれだってあるさ。私が前にあんなに大食いで太ってて、ダイエットしたくても根性がなかったし、一年生のとき、成績も悪かったし？もう自分が本当に弱いなって思ってた。）

B：我觉得你比起那时候自信多了。
（あのときと比べたら、今のほうが本当に自信がついてきたと思う。）

A：是啊，后来坚持跑步、健身，就好多了。我倒觉得你好像没有这些苦恼。
（うん。ランニングしたりジムに行ったりして、だいぶ自信が出た。逆にBさんのほうがこういう悩みとかあんまりないって感じだよな。）

(14) A：我每次上英语课都觉得自己要完了，我的英语实在是太弱了，太拖我后腿了。
（?そんなことないよ。毎回英語の授業を受けるたびに、もう自分が終わるって思うわけ。英語が本当に弱すぎて、もう足がひっぱられてるの。）

B：那门英语课确实难，也不止你啊，大家都觉得难。
（あの英語の授業は確かに難しいもん。Aさんだけじゃないよ。みんな難しいの。）

(15) A：我最近准备买电脑，你有什么推荐的吗？
（最近パソコンを買おうと思ってるんだけど、何かおすすめがある？）

B：买什么都行，就是别买我用的那款。
（私が今使ってるパソコン以外、なんでもいいと思う。）

A：不好用吗？
（えっ？使いにくいの？）

B：才用了不到2年，现在速度就已经特别慢了。驱动太弱了。
（2年も使ってないのにもうスピードがすごい遅くなってるの？ドライブが弱すぎだよ。）

A：那我得再看看，多比较比较。
（じゃもうちょっと見て、いろいろ比べとくね。）

在以上例句中，例（10）和例（11）中的"弱"都直接译为日语「弱い」，例（12）—例（15）中的"弱"均说的是人或事物"差劲""不如他人"。如果把"弱"直接译为「弱い」，听话者也能理解说话者想表达的意思，但算不上地道的日语表达。

例（10）中"身体弱"的日语表达是「体が弱い」，这里的日语表达是合乎语法的。例（11）中"弱"的指示对象非常明显，说话者明确表达了自己英语不好。这里的"弱"可以与「弱い」互换，都表示在某方面不擅长、比较薄弱。例（12）谈论的是说话者A喜欢的男演员在新电影中扮演的角色，说话者A认为其新角色性格太窝囊，毫无英雄气概，显得不够"酷"。如果此处仅看说话者前半部分的描述"一会儿被打"，这里的"弱"可以理解为"身体虚弱"或"体力差"，即日语的「体が弱い」，但后面又形容角色的其他特征，如恋情不顺利、上班迟到早退等。由此可以看出这里的"弱"包含的范围较广，不但有体力上的弱，而且涵盖了在谈恋爱、工作能力等方面不尽如人意。总而言之，说话者形容的是男演员的人物形象没有独当一面的气魄或没有人格魅力（或男性魅力）。而「弱い」一词无法涵盖这么多的意思，较为恰当的表达应该是「みっともない（丢人的，不像样的，看不下去的）」。例（13）中出现了两个"弱"，但形容的特质又

不太一样。第一个"弱"有多种解读：一是指社团男生力气小，在干力气活方面比较弱；二是指男生们没有担当，不愿主动承担脏活累活。如果是第一种理解，可以直接译为「力が弱い」；如果是第二种理解，「男らしくない」则更符合上下文的语境。当然，「責任感が弱い」也符合前后文逻辑，但如果想要表达"责任心弱"，需要把「責任感が弱い」这个词组完整说出，这是日语和汉语不能完全对应的表达之一。对于第二个"弱"，说话者想说的是男朋友胆小懦弱，去鬼屋后不敢玩。在日语中，「弱い」虽然可以用来形容人的气势等，但不能用来形容人的胆量，因此这里需要将"弱"替换成与其对应的词汇「臆病」「弱虫」等。例（14）说的是说话者觉得自己的身材和成绩不佳、意志力不坚定，"弱"并不单纯指某项因素或某单个方面，我们可以将其一并理解为"差劲"。在转换为日语的时候，同样需要将「弱い」替换为「だめ」「まずい」「情けない」这类词汇。例（15）中"驱动太弱了"指的是电脑虽然使用时间不长，但已经很不好用，因此"弱"应该被理解为质量差。很明显，「弱い」无法表达这个意思，需要替换成「質が悪い」「まったく使えない」等表达。

"弱"在汉语中使用场合非常广泛，与"强"相同。如果受汉语思维的影响，将"弱"替换为「弱い」，在沟通上虽然可能不会产生大的障碍，但仍然有很大的概率引发歧义，或者让人觉得说话人所使用的日语不够地道、自然。

8.3.3 「弱い」的语义

《明镜国语词典》中对「弱い」的语义做出了如下介绍。

① 物理的な力が小さい。
　　例：力が弱くて持ち上がらない／今日の風波は弱い。
② 勝負などで、相手をしのぐ力をあまり持っていない。
　　例：兄は弟より将棋が弱い／××大は駅伝が弱い。
③ 体（の一部）が丈夫でなく、機能的に劣っている。また、精神的な面での能力が劣っている。
　　例：胃腸が弱い／観察力が弱い。
④ （「〜に弱い」の形で）外からの作用に対して、しっかりと耐える力が小さい。
　　例：この健在は衝撃に弱い／アルコールに弱い体質。
⑤ （「〜に弱い」の形で）その方面やそのような状況について、あまり優れた力を持っていない。
　　例：機械に弱い／チャンスに弱い。

⑥ (「〜に弱い」の形で) 魅力に攻しきれずにころりと参るさま。
　例：誘惑に弱い/ブランド品に弱い。
⑦ 相互の結びつきがあまりしっかりしていない。軟弱だ。
　例：夫婦のきずなが弱い。
⑧ 自己を制御する力や物事に耐える力が小さい。
　例：意志が弱い。
⑨ 精神のあり方にきわだった特徴があまりない。
　例：責任感は決して弱くはない/気が弱い。
⑩ 物事の与える刺激や作用が小さい。
　例：今日は冷え込みが弱い/この薬は副作用が弱い。
⑪ 人が他に与える精神的な作用が地裁。
　例：発言権が弱い/反対派の反発は意外に弱い。
⑫ (数量的な) 度合いや対比の差が小さい。
　例：傾斜の度合いが弱い/塩味がやや弱い。

在「弱い」的这 12 个义项里，例①、例②、例③、例⑧、例⑨这 5 个意思与汉语共通，基本上可以直接替换。但另外的义项，特别是例④、例⑤、例⑥这 3 个以「〜に弱い」形式出现的义项则是重难点。下文基于日语学习者的语言习惯，选出几个不容易掌握的表达，来加强对「弱い」的理解。

8.3.3.1　形容自然现象的弱度

与 8.2.3.1 小节讲解「強い」时说到的一样，在形容风、雨、雷、电等强度小时，也要表达为「風/雨/雷/電気が弱い」。

8.3.3.2　形容在某个领域、方面不擅长

前面「弱い」的第 4 个义项：「(『〜に弱い』の形で) 外からの作用に対して、しっかりと耐える力が小さい」，说的是以「〜に弱い」的形式出现，表示难以对抗外界施加的作用或影响。在前文中我们提到了建筑物「地震に強い」，相反的说法则为「地震に弱い」，意思是"抗震能力弱"。「弱い」的第 5 个义项「(『〜に弱い』の形で) その方面やそのような状況について、あまり優れた力を持っていない」形容在某个领域或在某个方面没有优秀的能力、技能。第 4、第 5 个义项与上文中提到的「〜に強い」意思相反。例如，「お酒に強い」指的是"酒量好""能喝酒"，「お酒に弱い」则说的是"酒量差""喝不了酒"，但「お酒が弱い」指的是酒本身"度数低""酒精含量低"。

(16) a. 新型コロナウイルスが高温多湿の環境に弱いという見方について、政府の分科会の尾身茂会長は、可能性は否定できないものの根拠はないとして、引き続き感染拡大に警戒する必要があるという見解を示しました。

b. 危機に強い企業と、危機に弱い企業とでは、明確な違いが一つあります。それは、「〇〇を〇〇に変化させる努力をしているか」です。この努力を怠っていると、いざ有事の際に効果的な手を打つことができません。ましてや、危機が訪れた時には、会社を倒産させてしまうような危険性もあります。経営者やビジネスリーダーの方々は、そのような事態に陥らないよう。

c. パワーストーンの浄化方法の中に、流水による浄化があります。水で洗い流して浄化するという方法で、簡単にできて汚れなども落とすことができる方法ですね。しかし、パワーストーンにはそれぞれ特徴があります。衝撃に弱いもの、日光に弱いものなど、鉱物的な特徴からも扱いには注意しなければなりません。中には水に弱い天然石もあるので、流水を用いた浄化方法は避けた方がいいでしょう。

d. 女性が男性よりも勝負に弱いのは、強力な固定観念によるプレッシャーで本来の力が発揮できないからなのです。おそらく世界は、このような固定観念にあふれています。

e. 「試験本番になると、緊張して実力を発揮できない」「テスト中、焦ってミスをしてしまう」「合格する自信がもてず、最初から諦めムードに陥りがち」このような方はいませんか？本番に弱いあなたに、試験で実力を100％出しきる方法を3つお伝えします。

f. さきに言っておくと、私は朝に強い。でも弱い人がいるのもよく知っている。私は朝に強いので、寝起きでも料理するのは平気だ。味噌汁も焼き魚も、ベーコンエッグもトーストも作れる。けれど朝に弱い人に何かを「焼く」のはおすすめできない。

例（16）前3个句子中，「高温多湿の環境に弱い」放在a句这个语境里，可以理解为"新型冠状病毒不易于在高温潮湿的环境中生存"或"不容易在高温潮湿的环境中扩散"。这里的「～に弱い」指的是"不耐……""抗……的能力弱""不易与……对抗"。b句的「危機に弱い」指的是"应对危机的能力弱"，c句的「衝擊に弱い」「日光に弱い」「水に弱い」分别说的是能量石"不耐撞击""不耐光""防水能力弱"。笔者针对所执教大学日语专业大二上学期的学习者做了简单的问卷调查，让他们分别翻译3个句子。第1个句子是"这种植物不易于生长在高温潮湿的环境中，否则非常容易枯萎"。学习者给出的答案中均没有出现「弱い」这个词，习惯性地表达为「高温多湿の環境で生きにくい」「高温多湿の環境で生きるのが難しい」，相当于"很难在高温潮湿的环境中生存"。第2个句子是"以前，日本的建筑物很多都是用木头建成的，因此抗灾害的能力很弱"，学习者们多给出了「*災害に対する能力が弱い」「*災害を対応する能力が弱い」等说法。虽然用了「弱い」这个词来形容能力的高低，但这仍然算不上掌握了「～に弱い」这个短语[1]。第3个句子是"听说最近流行的手表很好看，但不太防水，还是不买了"。按汉语思维来说，"防水"可以直译为「水を防ぐ」，这个表达完全正确。学习者大多使用了这一表达，除此之外，其他说法还有「*水に厳しい」「*水にもろい」「*水から守る」等。

例（16）后3个句子中的「～に弱い」不表示与前项的对抗，d句的「勝負に弱い」意思是即使在实力相同或实力更强的情况下，比起男性，女性不擅长在决胜负或比赛时取胜。e句的「本番に弱い」说的是一到正式表演或正式比赛等场合时就发挥不出实力，而f句的「朝に弱い」则说的是"早晨起不来"或"早晨状态差"。这些说法看似简单，但初级日语学习者很少使用「弱い」「～に弱い」。笔者在调查中给出的3个中文句子分别为"爸爸酒量很差，而且一喝酒就脸红，所以平时很少喝""一到考试我就紧张得手脚发抖，真的很不擅长考试""现在的年轻人又是智能手机又是iPad，不像我，总是用不好电子设备"。在第1个句子的翻译中，虽然在大一的教材中出现了「お酒に強い」，也就是"酒量好"这个说法，但只有三分之一的人写出了「お酒に弱い」，其他答案还有「お酒が弱い」「お酒が

---

[1] 一般来说，日语中更习惯用「高い」「低い」来形容能力的高低。

苦手」「＊お酒が下手」。在第2个句子的"不擅长考试"这个表达中，学习者一看到"不擅长"就会想到「苦手」这个单词，因此大部分的答案是「試験/テストが苦手」，除此之外，还有「試験が嫌い」「＊試験ができない」「試験が怖い」等相近说法。最后一个句子中的"用不好"习惯性地直译为「使えない」，更自然的说法有「うまく使えない」或「上手に使えない」等，除此之外，还出现了一些诸如「＊電子設備ができない」「＊電子設備が難しい」等不合乎语法的表达。「〜に弱い」是一个使用率较高的短语，但从调查结果来看，学习者的掌握程度非常低，在看到相关表达时，学习者或许能够根据语境猜出意思，但远远达不到自主运用的水平。

8.3.3.3　形容难于抵抗，控制不住

「〜に弱い」还有另外一个意思，即"难以抵抗或抗拒"。例如，之前「弱い」语义列表中有「誘惑に弱い」这样的表达，即"难以抗拒诱惑""抵不住诱惑"。

(17) a. スパイの作戦の1つにハニートラップがあるのは、性的な誘惑に弱い男性が世の中に多いことを意味しているでしょう。好きなあの人や恋人は大丈夫なのでしょうか？誘惑に弱い男を、12星座ランキングでみてみましょう！
　　b. 人は「限定」という言葉にとても弱く、冷静に考えればそれほど欲しいものでもないのに、「期間限定」と言われると、「今しか買えない」と考えてつい買いたくなるのです。また、「この情報はごく限られた人しか知らない」という触れ込みで、大して価値があるとも思えない怪しい情報を売りつける「情報商材」商法もこの応用です。
　　c. 僕たちは肩書きや権威に弱いという面があるのは否定できない。有名大学の教授が書いた著書だというだけで、その内容を充分に吟味せずに信用してしまう。有名企業の幹部、役員、経営者だというだけでその人が有能な人だと思い込んでしまう。有名大学の教授の著書でもトンデモないものが多くあるし、有名企業の社長でも無能な人（朝日新聞や東電やNHKなど）も多くいるのに、である。

在例（17a）中，「性的な誘惑に弱い」指"难以抵抗性诱惑"或"抵抗不住性诱惑"。例（17b）说的是人们一看到「期間限定」这样的话语，就会不自觉地掏出钱包，生怕错过了千载难逢的机会。所以「『限定』という言葉にとても弱く」就是"难以抗拒'限定'这个词"的意思。例（17c）说的是说话者崇尚权威的心理。「肩書きや権威に弱い」可直译为"难以抗拒头衔、权威"，说得更通俗一点，即"容易轻信头衔、权威""容易被头衔、名号这一类的东西牵着鼻子走"。对于这3个「～に弱い」短语，可以将其理解为"经不住……的诱惑""容易被……牵着鼻子走"。这个意思属于学习者习得过程中的难点之一。在调查中，笔者让学习者翻译"我抵抗不住'打折''大甩卖'这样的字眼，总是容易买一大堆不需要的东西"。学习者的表达五花八门，有「『セール』ということばに耐えられない」的译法，还有「『セール』ということばが大好き」这样的译法，甚至还出现了「＊『セール』ということばに反抗することができない」这种直译法。笔者在给学习者讲解这个句型时，有一半人的脸上露出了疑惑的神色，表示这是他们从未接触过的语法知识。由此可见，表示"难以抗拒……的诱惑"这个意思的「～に弱い」掌握起来还是有一定难度的。

8.3.4 「弱い」的复合词

漆谷宏树（2014）对有关「弱い」的复合词做了如下总结。

```
名詞＋形容詞…気弱い  心弱い  力弱い  病弱い
         面弱い＊ くじ弱い＊  手弱い＊
```

上面列举出了一些常见的名词与「弱い」组成的复合词，与前文列出的「強い」的复合形容词相比，这里的数量要少了许多[1]。「気弱い」「心弱い」「力弱い」这三个词算得上使用率较高的词汇，「病弱い」则显得比较生僻，在表示相同含义时，一般多使用な形容词的「病弱」。另外，还有一些日常使用率较高的词汇未列出，例如，「我慢弱い」虽然未被词典收录，但仍有一定的使用基础。「打たれ弱い」也经常用来形容人"经受不起挫折"。以上词汇基本上都有与之对应的反义词，即「力強い」「気強い」

---

[1] 对此，漆谷宏树（2014）认为「強い」的造词能力更强。

「我慢強い」「打たれ強い」等[1]。「＊辛抱弱い」「＊粘り弱い」没有收录词典。笔者在雅虎日本上检索过后，也发现几乎没有实际使用的例子，因此可以将这两个词视为不存在或不正确的词汇。

> （18）我慢弱い子ほど「高収入・高学歴」に縁遠い理由。「マシュマロ実験」が明らかにした衝撃事実。
> （19）「最近の若者は打たれ弱い」といった言葉をよく耳にします。「部下を叱ったら、凹んでしまって中々立ち直らない」「あの子はプレッシャーに弱くて困る」と言った上司の声から、打たれ強い人を採用する動きや、研修で彼らのメンタルを鍛えると言った動きも見られます。しかしながら、ビジネス・パーソンの打たれ強さは、必ずしも「本人の能力やメンタルだけの問題」ではなく、職場環境や周囲からのサポートにも大きく影響を受けることが、明らかになっています。つまり、職場環境をデザインしていくことにより、彼らの適応や立ち直りを支えていくことが可能です。

例（18）是新闻报道的标题，既然「我慢弱い」能出现在大型门户网站的标题中，可见其规范性、可行性已经得到了一定的认可。例（19）说的是现代年轻人"抗压能力差、不经打"，这个词的使用频率非常高，但由于「打つ」不属于初级词汇，因此掌握其复合词「打たれ強い」「打たれ弱い」的学生不多。整体来说，相比较「強い」的相关复合词，「弱い」的复合词数量较少，常用词汇也不及「強い」多。

⬤ 8.3.5 「弱い」的惯用表达

和「弱い」有关的惯用句主要有「気が弱い」（懦弱）、「我が弱い」（自我意识弱）、「腰が弱い」（没有毅力）、「心臓が弱い」（懦弱、胆小怕事、畏首畏尾）、「押しが弱い」（没主见、耳根子软）等。在这些惯用表达中，除了第一个「気が弱い」之外，其他均属于掌握程度较差的。当然，由于日语中也有能表达相同语义且更容易习得的表达，如「意志が弱い」

---

[1] 需要注意的是，「心弱い」意思是"意志力薄弱的、不坚定的"，「心強い」的意思却是"心里有底的"。二者词形对应，但词义有着较大的区别。

「心が弱い」「性格が弱い」「臆病者」，因此对这一类惯用句的习得可以稍稍放后，且不须投入太多精力。

8.4 小　结

本章并未像过往的多义词认知研究那样，将所有的语义一一列出后进行对比，而是挑选了几个使用频率高、实用性强、习得难度较低的语义和表达方式，从日语教育和日语习得角度对「強い」和「弱い」的用法进行了剖析。这一章主要讨论了形容词「強い」「弱い」与汉语"强的""弱的"的对应情况，并调查了学习者的掌握情况，指出「強い」「弱い」表示刮风、下雨等自然现象的强度，「～に強い」/「～に弱い」可以表示擅长/不擅长某事、某领域和经得住/经不住某事。学习者对这两个短语的习得率较低。除此之外，「我慢強い」「打たれ弱い」等复合词也是学习者较难掌握的知识点。

参考文献

一、日语参考文献

張麟声. 日本語教育のための誤用分析：中国語話者の母語干渉20例［M］. 東京：スリーエーネットワーク，2001.

寺村秀夫. 日本語のシンタクスと意味Ⅰ［M］. 東京：くろしお出版，1982.

吉川武時. 日本語文法入門［M］. 東京：アルフ，1976.

吉川武時. 現代日本語動詞のアスペクトの研究［A］. 金田一春彦（編）日本語動詞のアスペクト. 東京：むぎ書房，1976：155－327.

工藤真由美. アスペクト・テンス体系とテキスト——現在日本語の時間の表現——［M］. 東京：ひつじ書房，1995.

白井恭弘. 第3章言語学習とプロトタイプ理論［C］//奥田祥子（編）. 21世紀の民族と国家第8巻 ボーダーレス時代の外国語教育. 東京：未来社，1998.

庵功雄. 新しい日本語学入門［M］. 東京：スリーエーネットワーク，2001.

岩崎卓. 日本語における文法カテゴリーとしてのテンスとは何か［J］. 日本語学，2000，19(5)：28－38.

簡卉，中村渉. 中国語母語話者による「動詞＋テイル」の習得に関する事例研究：コレスポンデンス分析による解析［J］. 東北大学高等教育開発推進センター紀要，2009(4)：69－79.

陳建偉. 日本語のアスペクト形式「テイル」の習得に関する横断研究—動詞の語彙的アスペクトによる影響について—［J］. 言葉と文化，2014，15(2)：31－47.

庵功雄. 一歩進んだ日本語文法の教え方1［M］. 東京：くろしお出

版，2017.

立教大学教育開発・支援センター. Master of Writingレポートの作成[EB/OL].（2012-06）[2021-04-17]. https://www.rikkyo.ac.jp/about/activities/fd/cdshe.html.

寺村秀夫. 日本語のシンタクスと意味Ⅱ[M]. 東京：くろしお出版，1984.

益岡隆志. 表現の主観性[C]//田窪行則（編）. 視点と言語行動. 東京：くろしお出版，1997：1—11.

新屋映子，姫野伴子，守屋三千代. 日本語教科書の落とし穴[M]. 東京：アルク，1999.

髙橋太郎.「はずがない」と「はずじゃない」[J]. 言語生活，1975(289)：79—81.

張昕. ハズダとその否定について[J]. 千葉大学人文社会科学研究，2013(26)：192—202.

堀口純子. 授受表現に関わる誤りの分析[J]. 日本語教育，1984，52(2)：91—103.

豊田豊子. 補助動詞「やる・くれる・もらう」について[J]. 日本語学校論集，1974(1)：77—96.

庵功雄，高梨信乃，中西久実子，等. 中上級を教える人のための日本語文法ハンドブック[M]. 東京：スリーエーネットワーク，2001.

益岡隆志. 日本語における授受動詞と恩恵性[J]. 言語，2001，30(5)：26—32.

田代ひとみ. 中上級日本語学習の文章表現の問題点—不自然さ・分かりにくさの原因をさぐる—[J]. 日本語教育，1995(85)：25—37.

渡邉亜子. 中上級日本語学習者の談話展開[M]. 東京：くろしお出版，1996.

武村美和. 日本語母語話者と中国人日本語学習者の談話に見られる視座—パーソナル・ナラティヴと漫画描写の比較—[J]. 広島大学大学院教育学研究科紀要第二部，2010，59：289—298.

山田敏弘. 日本語のベネファクティブ—「てやる」「てくれる」「〜てもらう」の文法—[M]. 東京：明治書院，2004.

早津惠美子. 日本語の使役文の文法的な意味—「つかいだて」と

「みちびき」—［J］. 言語研究(Gengo Kenkyu)，2015，148：143－174.

胡君平. 使役句"让"和「させる」的汉日对比研究—基于语义用法的新分类—［J］. 日语学习与研究，2020(2)：28－36.

杉村泰. コーパスから見た中国人日本語学習者の格助詞に関する問題点について［J］. 言語文化研究叢書，2010(9)：137－152.

清水泰行. 心理動詞の格と意味役割の対応・ずれ：「引用構文」における名詞句と引用節の意味関係から［J］. 日本文藝研究，2007，58(4)：23－39.

杉村泰. 中国語話者における日本語の有対動詞の自動詞・他動詞・受身の選択について［J］. 日本語/日本語教育研究，2013(4)：21－38.

西尾寅弥. 形容詞の意味・用法の記述的研究［M］. 東京：秀英出版，1972.

仁田義雄.「多い」「少ない」の装定用法［C］//仁田義雄(編). 語彙論的統語論. 東京：明治書院，1980.

森田良行. 基礎日本語Ⅰ［M］. 東京：角川書店，1977.

木下りか. 形容詞の装定用法をめぐる一考察：「多い」「遠い」の場合［J］. 大手前大学人文科学部論集，2004，5：25－35.

益岡隆志，田窪行則. 基礎日本語文法：改訂版［M］. 東京：くろしお出版，1992.

國廣哲弥. 意味論の方法［M］. 東京：大修館書店，1982.

篠崎大司. 二形態の連体修飾用法を持つ形容詞—形容詞「遠い」における「遠い＋N」と「遠くの＋N」—［J］. 別府大学国語国文学，2005(47)：47－66.

三尾砂. 三尾砂著作集Ⅰ［M］. 東京：ひつじ書房，2003.

八亀裕美. 関係を表す形容詞の意味と用法：「近い」と「遠い」［J］. 甲南大學紀要. 文学編，2015(165)：11－22.

大島資生.「は」と連体修飾構造［C］//益岡隆志，野田尚史，沼田善子(編). 日本語の主題と取り立て. 東京：くろしお出版，1995.

国広哲弥. 意味論の方法［M］. 東京：大修館書店，1982.

青木法子. 形容詞の無標性と言語転移容認度の関係についての研究［J］. 東海学園大学研究紀要，2009，114：3－11.

漆谷宏樹. 複合形容詞の研究—対義形容詞の状況から—［J］. 愛知

大學文學論叢，2014，150：1—24.

吉川武時. 現代日本語動詞のアスペクトの研究［C］//金田一春彦（編）日本語動詞のアスペクト. 東京：むぎ書房，1976：155—327.

豊田豊子. 補助動詞「やる？くれる？もらう」について［J］. 日本語学校論集. 1974(1)：77—96.

二、汉语参考文献

修刚. 再论现代日语动词的"体"［J］. 日语学习与研究，2001(4)：1—4.

林泽清. 关于日语动词的自发态［J］. 外语学刊，1997(4)：41—47.

彭佳，王忻. "～たがる"句式的失礼阴影——从中国日语学习者的使用偏误说起［J］. 杭州师范大学学报(社会科学版)，2009，31(2)：108—112.

王彦花. "…べきだ""…はずだ""…わけだ"不等同于汉语的"应该…"［J］. 日语学习与研究，1998(1)：59—61.

马文静. "应该……"日语表达方式的分析［J］. 考试周刊，2010(11)：136—137.

曹冬雪. "让"字句的语义特征［J］. 昭通师范高等专科学校学报，2009，31(4)：23—25.

黄毅燕. 「作文ノートに何も書かなかったことを気づきました」错在哪里？［C］//于康，林璋. 日语格助词的偏误研究(上). 杭州：浙江工商大学出版社，2017.

薛桂谭. 日语使役被动句式浅析［M］. 牡丹江师范学院学报(哲社版)，2012(3)：114—116.

梁红梅. "多い""少ない"作定语的表达形式及原因分析［J］. 宁波大学学报(人文科学版)，2010，23(3)：60—64.

刘燕. 基于认知视角探析日语多义语的语义扩张——以形容词「明るい」为中心［J］. 文化创新比较研究，2019，3(12)：114—116.

胡君平. 使役句"让"和「させる」的汉日对比研究——基于语义用法的新分类［J］. 日语学习与研究，2020(2)：28—36.